KB190348

유마경의

기상천외한 이야기

유마경의
기상천외한 이야기

김현준 지음

✿ 효림

서 문

유마경維摩經은 인도불교 초기 대승경전 중 비교적 앞쪽인 1세기 또는 2세기경에 성립되어 널리 유행하였고, 중국에서는 총 7차례나 번역되어, 선종을 비롯한 중국 불교에 큰 영향을 끼쳤습니다. 우리나라에서는 구마라집鳩摩羅什 스님께서 번역한 『유마힐소설경維摩詰所說經』이 널리 유통되었는데, 총 14품으로 구성되어 있습니다.

이 『유마경』은 상업을 주로 하는 인도 북부의 자유도시 바이샬리를 무대로 삼아, 주인공 유마힐維摩詰(비마라킬티)이 중심이 되어 다양한 가르침과 이야기를 전개시키는 희곡 형식으로 짜여 있습니다. 그래서 문학적인 가치가 다른 어떤 경전들보다 뛰어납니다.

또 계율의 틀 속에서 형식화되어 굳어가는 기성의 교단과 교리들, 그리고 그 속에서 성직자의 대접만을 고수하고 있는 비구들을 향해, 날카로운 비판과 풍자를 던지는 극적인 장면들은 유마경의 가치를 더욱 높여 주고 있습니다.

한마디로 유마경은 옛것에 빠져 있는 교단에 진보적인 새바람을 불러일으킨 경전입니다.

이 경전 속에는
· 어떤 주제에 대해 먼저 의문을 불러일으킨 다음,
· 그 의문을 풀어나가고자 하는 대화들을 끊임없이 이어 나가면서
· 그릇된 생각이나 관념을 깨뜨림과 동시에
· 상식을 뛰어넘는 기상천외한 유마의 신통력과 불보살님들의 이야기가 가득히 담겨 있습니다.
곧 유마경 속의 교리는 매우 심오하고 깊어 접근하기가 쉽지 않지만, 이 이야기들은 매우 신선할 뿐 아니라 재미가 있으며, 오늘날까지도 아주 잘 적용이 될 수가 있습니다.

과연 '어떻게 하면 심오한 유마경의 내용을 쉽게 전달하고 쉽게 이해하도록 할 수 있을까?'

이를 고민하다가 '이야기를 중심에 두고 경전의 핵심 내용도 함께 밝히는 글을 써 보자'고 하여, 월간 「법공양」에 2022년 8월부터 2023년 8월까지 13개월에 걸쳐서 연재를 하였고, 그 글들을 여러 차례 다듬어서 이렇게 한 권의 책으로 엮었습니다.

저는 이 글을 쓰면서 한 가지 원칙을 세웠습니다. 그것은 '내용을 쉽게 이해시키겠다며 불교 밖의 여러 이론들을 끌어다가 붙이지는 말자'는 것이었습니다. 그러다 보면 원고량이 많아질 뿐 아니라, 내용 파악에도 방해가 될 수 있다고 여겨졌기 때문입니다.

하여 오로지 유마경 속의 이야기와 유마경의 핵심 내용을 중심에 두고, 조금이라도 더 이해하기 쉽게 풀고자 노력하였습니다.

저의 모자라는 글솜씨로 보살사상과 불이不二의 가르침을 함빡 담고 있는 유마경을 완벽하게 전달할 수는 없겠지

만, 그나마 쉽게 이해하였으면 하는 마음으로 정성껏 풀어 보았습니다. 특히

　·십대제자와 네 분 보살을 꾸짖는 유마힐의 사자후
　·마왕을 항복 받고 마녀들에게 설하는 무진등 법문
　·향적불의 향기로운 밥을 대중에게 공양하는 유마힐
　·불이법문을 가장 명백하게 표출한 유마힐의 침묵
　·사리불을 희롱하는 천녀의 신통 등

참으로 재미있고 기상천외한 이야기들이 통쾌하고 명쾌하게 우리를 진리의 세계로 이끌어 줄 것입니다.

이제 유마경 속의 멋진 이야기들을 통하여 불교의 매력 속으로 빠져들어 감과 동시에, 그 속의 깊은 깨달음을 우리의 것으로 만들어 봅시다.

2023년 중추절에
경주 남산 기슭에서
김현준 합장

※ 이 〈유마경의 기상천외한 이야기〉에서는 지면 관계상 유마경의 본문과 교리 등을 자세히 수록하지 못했습니다. 따라서 유마경의 내용을 보다 자세하게 살펴보고자 하는 분들은, 한글과 한문을 대조하여 이해하기 쉽도록 엮은 김현준 역 『유마경』(효림출판사)을 참조하여 주시기를 청하여 봅니다.

※ 유마경 본문을 ①② 등의 번호를 붙여서 인용하다가 중간 번호들을 뛰어넘는 경우가 자주 있습니다. 이는 내용의 난이함과 지면 관계상 생략을 한 것입니다. 내용을 상세하게 알고 싶은 분은 유마경을 직접 살펴보시기 바랍니다.

※ 유마경 경문을 인용할 때는 될 수 있는 대로 과거체가 아니라 현재 시제의 문장으로 꾸몄으며, 유마거사·문수보살 등 몇몇 분의 대화에 대해서는 친밀감을 주기 위해 서로 존칭을 쓰지 않고 친숙하게 이름을 부르는 형식을 취하였습니다.

※ 주인공 유마거사에 대해, 경문에서는 '유마힐' 또는 '유마'로 호칭하였으며, 제가 해설하는 글에서는 '유마거사'로 통일하였습니다.

차 례

차 례

제1 불국품佛國品
불국토는 어떻게 생겨나는가?

유마경 총 14품 중 제1 불국품佛國品은 다른 경전들의 체제로 볼 때 서품序品에 해당하는데, 유마경 전체가 불국토 건설을 주제로 삼고 있음을 나타내기 위해서 '서품'이라 하지 않고 '불국품'이라 한 것입니다. 이 불국품 속의 이야기를 음미해 봅니다.

부처님께서 바이샬리의 교외에 위치한 정사에 머무르고 계실 때, 8천 명의 대비구와 3만 2천의 보살들이 모여들었는데, 장자의 아들인 보적寶積도 5백 명의 청년들을 이끌고 예배를 하러 옵니다.

보적은 부처님을 찬탄하는 긴 노래를 부른 다음, 불국토 청정과 보살이 불국토를 이루는 행行에 대해 설하여 주실 것을 청합니다.

이에 부처님께서는

1) 불국토란 어떠한 곳인가?

2) 어떻게 하여야 불국토에 태어날 수 있는가?

3) 불국토는 어떻게 건설되는가?

라는 세 가지에 초점을 맞추어 설법을 합니다.

1) 불국토란 어떤 곳인가?

"중생의 모든 것이 보살의 불국토요, 보살이 불국
토를 취하는 까닭은 오로지 중생을 이롭게 하고자 함
이로다."

부처님께서는 불국토에 대해 정의를 내립니다.

곧 불국토는 특별히 깨끗하고 고귀한 땅이 아닙니다.
중생들이 사는 땅, 모든 생명이 사는 땅, 바로 우리들이
살고 있는 현실 세계가 보살들의 불국토라고 하신 것입
니다.

이어서 부처님께서는, 중생이 있으므로 보살이 있고, 보살이 그 중생들의 행복을 기원하는 마음에 의해서 생겨나는 세계가 불국토이기 때문에, 중생의 행복을 기원하는 마음이 청정한 불국토를 이룩하는 열쇠가 된다는 법문을 설하십니다.

불국토의 열쇠가 '중생의 행복을 기원하는 마음'이라는 놀라운 말씀! 실로 우리가 길이 새겨야 할 소중한 가르침입니다.

2) 어떻게 하여야 불국토에 태어날 수 있는가?

①곧은 마음〔直心〕
②사려 깊은 마음〔深心〕
③깨달음을 구하는 마음〔菩提心〕
④보시布施
⑤지계持戒
⑥인욕忍辱
⑦정진精進

⑧ 선정禪定

⑨ 지혜智慧

⑩ 사무량심四無量心

⑪ 사섭법四攝法

⑫ 방편方便

⑬ 삼십칠도품三十七道品

⑭ 회향심廻向心

⑮ 팔난八難을 없애도록 가르치는 것

⑯ 다른 이의 잘못을 비방하지 않는 것

⑰ 십선十善을 닦는 것

이상의 17가지가 불국토에 태어나는 보살의 행임을 가르쳐 주신다.

3) 불국토는 어떻게 건설되는가?

불국토의 건설에 대해서는 마음의 청정을 매우 힘을 주어 설하고 계십니다.

"중생을 성취시킴에 따라 불국토가 맑아지고
불국토가 맑아짐에 따라 설법이 맑아지고
설법이 맑아짐에 따라 지혜가 맑아지고
지혜가 맑아짐에 따라 마음이 맑아지고
마음이 맑아짐에 따라 일체 공덕이 맑아지노라."

이렇게 말씀을 하신 다음 매우 유명한 게송 하나라로
다시 정의를 내립니다.

청정한 불국토를 얻기를 바라거든	욕득정토 欲得淨土
마땅히 그 마음을 청정하게 하라	당정기심 當淨其心
그 마음이 맑고 청정해짐에 따라	수기심정 隨其心淨
불국토가 맑고 청정해지느니라	즉불토정 則佛土淨

법문이 여기에 이르렀을 때 부처님의 출가 제자 중 지
혜와 도력이 가장 뛰어나다고 하는 사리불舍利弗은 문
득 의문을 일으킵니다.

'보살의 마음이 청정해지면 불국토가 청정해진다고

하였다. 석가모니께서 보살이었을 때의 그 마음은 매우 청정하였을 것인데, 지금 석가모니의 불국토인 이 사바세계는 매우 부정(不淨)하다. 어찌 된 일인가?'

부처님께서는 사리불의 속마음을 읽고 반문을 한다.

"사리불아, 맹인이 해와 달을 보지 못하는 것이 해와 달이 깨끗하지 못해서이더냐?"

"아닙니다. 그것은 맹인의 허물일 뿐, 해와 달의 잘못이 아닙니다."

"그와 같도다. 중생의 죄 때문에 부처님의 장엄하고 청정한 불국토를 보지 못하는 것이요, 청정하기 이를 데 없는 나의 정토를 너의 업 때문에 스스로 보지 못하는 것일 뿐이다."

그때 나계범왕(螺髻梵王)이 끼어들어 은근히 사리불을 책한다.

"이 불국토가 부정하다는 생각도 하지 말고 말도 하지 마시오. 나에게 보이는 석가모니불의 불국토는 청정하기가 자재천(自在天)의 궁전과 다를 바가 없소."

그러나 사리불도 물러서지 않는다.

"내가 이 국토를 보니, 험하고 높은 언덕에 깊은 구덩이, 가시덤불·모래밭·자갈밭, 흙과 돌로 된 산 등 더러운 것들로 가득 차 있는데도요?"

"왜 그런 줄 아시오? 스님 마음에 높고 낮음이 있어서 부처님의 지혜를 의지하지 못하기 때문에 이 국토가 부정하게 보일 뿐이지요.

허나, 일체중생 모두를 평등하게 대하는 보살은 마음 깊은 곳까지 아주 청정하기 때문에, 부처님의 지혜를 의지해서 이 불국토의 청정함을 능히 볼 수 있다오."

그때 부처님께서 신통을 나타냅니다. 발가락으로 땅을 누르자 삼천대천세계가 수없이 많은 진귀한 보배들로 장식되면서, 보장엄불寶莊嚴佛의 무량공덕보장엄토無量功德寶莊嚴土처럼 바뀝니다.

그리고 대중들이 일찍이 보지 못한 일이라며 찬탄을 하는 순간, 그들 모두는 보배 연꽃[寶蓮華] 위에 앉아 있는 자신을 발견하게 됩니다.

그들이 연꽃 위에 앉아 있다는 것은 그들 모두가 순수하고 맑은 마음을 지닌 보살이라는 것을 부처님께서 입증해 주신 것입니다.

이때 부처님께서 사리불에게 확인을 시킵니다.

"너는 이 사바세계 불국토의 장엄함과 청정함을 보고 있느냐?"

"그렇습니다. 일찍이 보지 못하고 듣지 못한 것을 지금 보고 듣습니다. 지금 여기에 이 불국토의 장엄하고 청정한 모습이 다 나타났습니다."

마침내 의심이 사라졌을 뿐 아니라 감복을 하고 있는 사리불에게 부처님께서는 꼭 기억해야 할 요점을 깨우쳐 주십니다.

"내 불국토의 청정함은 언제나 이와 같단다. 그런데 왜 나쁘고 부정한 모습들을 보여주는지를 너는 아느냐? 이 사바세계에 있는 못난 중생들을 제도하기 위해서이다.

마치 저 하늘나라의 신들이 똑같은 그릇에다 음식을 받지만, 받는 이의 복덕이 어떠한가에 따라서 음식의 빛깔이 달라지는 것과 같나니, 마음이 청정해지면 이 국토가 공덕으로 가득 차 있음을 문득 볼 수 있느니라."

이상과 같은 법문과 이야기를 통하여 보적과 그가 이끌고 온 5백 명의 청년들은 무생법인無生法忍(본래 나고 죽음이 없음을 깨달음)을 얻고, 법회에 참석한 8만4천인은 아뇩다라삼먁삼보리심(위없는 깨달음을 이루겠다는 결심)을 발하는 것으로 유마경 제1 불국품은 끝을 맺습니다.

곧 중생의 행복을 기원하는 자비심을 품고 17가지 행을 닦으면서 그 마음을 청정하게 하면, 능히 불국토를 건설할 수 있음을 분명하게 밝힌 것이 제1 불국품의 요지입니다.

더 이상의 설명보다는, 영화 〈아제아제 바라아제〉의 한 장면으로 끝맺음을 대신하고자 합니다.

화순 운주사의 곳곳에 모셔져 있는 '못난이 돌부처'를 두고 스님들이 저마다 '못생겼다' '밉다'며 여담을 나눌 때, 청화스님(강수연 분)은 멋진 말을 합니다.

"여기에 불상을 새긴 사람들은 가난한 농부나 못 배운 무지렁이일지도 몰라요. 그렇지만 그들 나름대로의 마음으로, 따뜻한 극락세계 속 부처님을 청정하게 그려낸 것이 아닐까요?

우리가 수행을 하는 것은 부처님처럼 깨끗해지기 위함입니다. 못생겼다고 바라보는 그 마음이 못생겼겠죠!"

나무 불가사의해탈법문 유마힐소설경.

제2 방편품方便品
유마힐은 어떤 분이며 몸의 실체는?

유마경 제2 방편품에는 유마경의 주인공인 유마거사에 대한 설명으로 가득합니다. 그 내용을 요약하면 다음과 같습니다.

비야리성에 살고 있는 돈이 많은 거사인 유마힐은 거침없는 말솜씨, 두려움 없는 행동과 신통력으로 모든 마구니들을 물리칠 뿐 아니라, 반야바라밀을 터득하고 방편을 통달하여 근기에 따라 중생을 제도하고, 바다와 같이 넓은 마음으로 부처님제자와 천인들까지 모두 감싸는 분이다.

유마힐은 사람들을 제도하고자 선교 방편으로 비야리성에 살고 있으면서

①한량없는 재물로 가난한 사람들을 감싸 안고

②계를 깨끗하게 잘 받들어 파계하는 사람들을 감
싸 안고

③욕됨을 참는 덕행으로 화 잘 내는 사람들을 감싸
안고

④대정진으로 게으른 사람들을 감싸 안고

⑤한마음으로 선정을 닦아 마음이 흐트러진 사람
들을 감싸 안고

⑥결정적인 지혜로 무지한 사람들을 감싸 안는다.

뿐만이 아니다.

세속에 살지만 승려의 청정한 계율을 지키고, 처자
가 있으나 항상 청정행을 닦으면서, 일부러 유흥가를
출입하고 도박하는 무리들과 어울리고 외도들을 만
나면서 그들 모두를 올바른 길로 인도를 한다. 곧

①세속적인 이익을 얻을지라도 기뻐하지 않고

②세간 속을 노닐면서 중생들을 이롭게 하고

③정치와 법에 통달하여 모두를 구호하고

④강론하는 곳에 가서는 대승법으로 인도하고

⑤학교에서는 아이들을 이끌어 지혜를 열어 주고
⑥몸 파는 집에 가면 음욕의 잘못됨을 가르쳐 주고
⑦술집에 가서는 정신을 차려 뜻을 세우라고 한다.
그리고 왕족·부자·서민·천민 모두를 평등한 마음으로 대하면서, 자유자재한 설법과 갖가지 방편으로 그들을 이익되게 하고 교화하면서 살아간다.

그런데 이렇게 훌륭한 유마거사가 갑자기 병으로 앓아눕는 모습을 보입니다. 그러자 국왕·대신·상인 등의 수많은 문병객이 사방에서 몰려옵니다.
이때 유마거사는 문병객들에게 '몸과 병'에 관하여 자상한 설법을 통하여, 몸의 무상無常함을 일깨워 줍니다.

"벗들이여, 이 몸은 실로 무상하고 견고하지 아니하여 의지할 것이 못 된다네. 가냘프고 알맹이가 없으며, 허물어지고 오래가지 못하며, 고통이요 병 덩어리요 변화하는 성질을 지닌 것이야.
· 이 몸은 오래 견디지 못하니 물방울과 같고
· 번뇌의 애욕에서 생긴 것이니 아지랑이와 같고

· 이 몸에는 심지가 없으니 파초 둥치와 같고

· 이 몸은 뒤바뀐 마음에서 생겼으니 허깨비와 같고

· 바른 모습이 드러나지 않으니 꿈결과 같고

· 과거생의 업이 반영하여 나타났으니 그림자 같고

· 인연에 의해 출현하니 메아리와 같으이.

· 이 몸에 따른 생각의 어지러움은 뜬구름과 같고

· 결코 오래 머무르지 않음은 번갯불과 같다네.

갖가지 인연이 모여서 생겨난 이 몸에 어찌 주체가 있겠는가?

· 이 몸은 흙과 같아서 제 뜻대로 움직이는 법이 없고

· 이 몸은 물과 같아서 '나'라는 실체가 없고

· 이 몸은 불과 같아서 정해진 수명이 없고

· 이 몸은 바람과 같아서 '나'라고 할 것도 없고

· 이 몸은 허공과 같아서 자성이 없다네.

이 몸은 아무리 자주 씻고 닦아도 결국은 쓰러져 흩어지고 마는 허망한 것! 그야말로 404가지의 병으로 신음하며, 한시도 쉼없이 늙음의 지배를 받다가 죽음으로 최후를 맞이하게 된다네.

벗들이여, 마땅히 이러한 몸을 멀리하는 대신, 여래

의 몸을 믿고 따르는 마음을 간절히 일으키게나.”

나아가 유마거사는 어떠한 수행을 하여야 불신佛身이 보이게 되는지를 설하고, 집착이라는 중생의 병을 끊고 여래의 몸을 얻겠다는 발심을 할 것을 일러 줍니다.

이렇게 유마거사는 문병객들에게 적절한 설법을 하여 위없는 보리심을 발하게 하였다는 것을 제2 방편품은 자세히 설하고 있습니다.

나무 불가사의해탈법문 유마힐소설경.

제3 제자품弟子品
십대제자를 경책하다

제3 제자품은 부처님의 10대 제자와 유마거사 사이에 있었던 이야기들을 담고 있는데, 이 품의 시작은 유마거사의 한 생각에서 비롯됩니다.

'내가 이렇게 앓아누워 있는데 부처님께서는 어찌 대자비를 베풀지 않으시는가?'

부처님께서는 유마거사의 생각을 아시고 제자 중 첫 손가락에 해당하는 지혜제일 사리불舍利弗에게 문병을 가라고 하자, 사리불은 '감히 문병을 갈 수 없다'고 하면서 그 까닭을 밝힙니다.

"부처님, 언젠가 숲속 나무 아래 앉아 좌선을 하고 있을 때 유마거사가 와서 말했습니다.

'사리불이여, 숲속에 가만히 앉아 있는 것을 좌선이라고 생각하지 마시오. 이 사바세계 어디에 있든지, 몸과 마음이 움직이지 않는 것을 좌선이라고 합니다.

어떠한 번뇌도 일으키지 않고 바른 행위를 하는 것을 좌선이라고 합니다.

진리로 나아가는 길을 버리지 않고 범부의 일상생활을 하는 것을 좌선이라고 합니다.

번뇌를 끊지 않고 열반에 드는 것을 좌선이라고 합니다.

만약 이와 같이 앉을 수 있다면 부처님께서 인가를 하실 것이오.'

부처님, 저는 그때 이 말을 듣고 말문이 막혀 버렸습니다. 그러므로 그를 찾아가서 문병하는 일을 감당할 수 없습니다."

곧 유마거사가 10대제자의 대장격인 사리불의 좌선

에 대한 보수적인 해석을 신랄하게 비판하면서 깨우침
을 준 것입니다.

이어 부처님께서는 제2 신통제일 목건련에서 제10 다
문제일 아난에 이르기까지 차례로 문병을 권하지만, 모
두가 유마거사와 있었던 일(담론)을 이유를 들어 사양합
니다.

제자들과 가졌던 담론의 주제는 다음과 같습니다.

①**지혜 제일 사리불** – 좌선
　　　智慧

②**신통 제일 목건련** – 설법(법에 맞게 설하라)
　　　神通

③**두타 제일 대가섭** – 걸식
　　　頭陀

④**해공 제일 수보리** – 음식
　　　解空

⑤**설법 제일 부루나** – 대기설법(근기에 맞춘 설법)
　　　說法　　　　　　　對機說法

⑥**논의 제일 가전연** – 오법인
　　　論議　　　　　　　五法印

⑦**천안 제일 아나율** – 천안
　　　天眼

⑧**지계 제일 우바리** – 파계
　　　持戒

⑨**밀행 제일 라후라** – 출가공덕
　　　密行

⑩**다문 제일 아난** – 부처님 시봉
　　　多聞

이 내용 하나하나가 깊은 의미를 담고 있지만, 내용이 쉽지 않고 지면 관계도 있고 하여 자세한 내용은 『유마경』을 참조하시기 바라며, 이 열 가지 중에서 가장 재미있는 아난과 유마거사의 담론을 소개합니다.

부처님의 몸에 가벼운 병이 생기자, 부처님을 25년 동안 시봉한 아난은 그 병을 치유하는 데 필요한 우유를 구하기 위해 바루를 들고 큰 바라문의 집을 찾아가서 문 앞에 서게 된다. 그때 유마힐이 나타나서 묻는다.

"아난, 이렇게 이른 아침에 왜 바루를 들고 여기에서 있는 것이오?"

아난이 그 까닭을 밝히자 유마힐이 아주 냉철하게 말한다.

"아서시오, 아서! 여래의 몸은 금강金剛의 몸이라오. 모든 악은 다 끊어 버렸고 모든 선이 다 모여 있다오. 그런데 무슨 병환이 있으며 무슨 고뇌가 있겠소이까?

여래를 욕되게 하지 말고 묵묵히 돌아가시오. 이런

추한 말을 큰 위덕이 있는 천인들이나 다른 정토에서 온 보살들이 들으면 안 됩니다.

아난이여, 부처님보다 훨씬 작은 복을 지닌 전륜성왕도 병을 앓지 않는데, 어찌 무량한 복을 모아 지니고 계신 부처님께서 병을 앓으리까?

외도나 바라문이 이런 말을 듣는다면 '자기 병도 고치지 못하는 이가 어떻게 남의 병들을 고칠 수 있겠나?'라고 할 것이오. 우리 모두가 수치를 당하지 않게 빨리 돌아가시오.

마땅히 알지니, 모든 여래의 몸은 법신(法身)일 뿐, 욕망의 몸[欲身]이 아닙니다. 세존이신 부처님은 삼계를 벗어났고 번뇌가 다 없어졌으며, 부처님의 몸은 생사 속에 떨어지는 일이 없습니다. 이와 같은 몸에 어찌 질병이나 고뇌가 있으리이까?"

유마거사의 문책을 들은 아난은 부끄러움을 금할 수 없었다. 부처님을 가장 가까이에서 모시면서도 부처님 가르침을 잘 알아듣지 못하고 있는 자신이 저주스럽기까지 하였다. 그때 공중에서 소리가 들려온다.

"아난이여, 거사의 말이 맞습니다. 그러나 부처님께서 이 탁한 세상에 오셔서 여러 가지 모습을 보이는 것은 중생들을 제도하기 위함이니, 부끄러워하지 말고 우유를 얻어서 돌아가십시오."

이에 아난존자가 큰 깨달음을 얻고 우유를 얻어 부처님 곁으로 돌아간다.

이 이야기 속에는 어떤 가르침들이 담겨 있을까요?
· 모든 악을 다 끊은 부처님의 몸에는 모든 선이 다 모여 있다는 것
· 부처님은 병이 들지 않는 금강의 몸이기 때문에 치료 약이 필요 없다는 것
· 부처님의 몸은 욕망의 몸[欲身]이 아니라 진리의 몸[法身]이라는 것
· 번뇌가 다 없어진 부처님은 생사 속에 떨어지는 일이 없다는 것
· 부처님의 몸에는 질병도 괴로움도 없지만, 이 사바 세계에서 병이 드는 등의 여러 가지 모습을 보이는 것은 중생을 제도하기 위함이라는 것

등입니다.

만약 여래의 진짜 몸이 어떠한 줄을 분명하게 안다면, 여래께서 중생을 제도하기 위해 보인 병의 치료를 위해 우유를 얻어서 돌아가는 것이 어찌 그릇되고 부끄러운 일이겠습니까?

이 사리불과 유마거사, 아난과 유마거사의 이야기를 통해 알 수 있듯이, 제자품 속에는 10대제자들이 가지고 있는 기존의 관념을 일시에 깨뜨리는 유마거사의 기상천외한 대도력이 적나라하게 나타나 있습니다. 정독하면서 음미를 해보면 그 씹는 맛이 참으로 깊이 있고 유쾌하고 상큼하게 느껴질 것이라 확신합니다.

아울러 불교에서 내세우고 있는 십대제자의 이름이 이 유마경의 제자품에서 비롯되었다는 것도 함께 밝혀 둡니다.

나무 불가사의해탈법문 유마힐소설경.

제4 보살품菩薩品
무진등과 법시회

제4 보살품은 부처님께서 보살들에게 병이 난 유마거사를 문병하라고 명하자, 네 명의 보살이 문병을 가지 못하는 까닭을 이야기하는 것으로 그 내용을 삼고 있습니다.

「보살품」에서 가장 먼저 등장하는 이는 다음 생에 부처가 된다는 미륵보살彌勒菩薩입니다.

유마거사는 천인들에게 설법하는 미륵보살에게 부처님으로부터 받은 성불수기成佛授記에 대해 질문을 한 다음, 부처님께서 얻은 '아뇩다라삼먁삼보리(위없는 바른 깨달음)'가 무엇인지를 자세하게 일러줍니다.

두 번째 보살인 광엄동자光嚴童子에게는 어떠한 것이 도량道場인지를 32가지로 구분하여 설명합니다.

세 번째 지세보살持世菩薩에게는 법락法樂에 대하여,

네 번째 장자의 아들 선덕善德에게는 어떻게 하는 것이 법보시의 모임[法施會]인지를 일깨워 줍니다.

이 넷 중에서 세 번째 법락에 관한 이야기는 참으로 재미있습니다.

지세보살持世菩薩이 고요한 방에 머물러 있었을 때, 1만 2천 명의 천녀를 거느린 마왕 파순波旬이 제석천帝釋天의 모습으로 변장을 하여 풍악을 울리고 노래를 부르면서 지세보살이 있는 곳으로 온다. 파순이 큰절을 하고 합장을 한 채 공손히 서 있자, 지세보살은 그가 진짜 제석천인 줄 알고 설법을 하기 시작한다.

"잘 오셨소, 교시가(제석천의 다른 이름)여. 그대의 복이 많지만, 그 복을 마음대로 누려서는 안 됩니다. 마땅히 오욕의 무상함을 관하면서 선근을 쌓고, 몸[身]과 목숨[命]과 재물[財]을 견고하게 간직할 수 있는 법을 닦으십시오."

보살의 말이 끝나기가 무섭게 파순은 청을 한다.

"지세보살님! 1만 2천 명의 천녀를 바치오니 거두어서 심부름을 시키십시오."

"교시가여, 그대의 청은 법에 맞지가 않소. 나 같은 부처님 제자에게 어이 시녀가 필요하겠소?"

지세보살이 이렇게 말했을 때 유마힐이 등장을 한다.

"이 사람은 제석천이 아닙니다. 마구니가 당신을 희롱하고 있는 것이오."

그리고는 마왕에게 말한다.

"그 여인들을 나에게 주시오. 나 같은 재가거사는 받아도 괜찮소."

유마힐을 보자 겁이 난 마왕은 자취를 감추려고 온갖 신통력을 다 부려 보지만, 도무지 숨을 수도 도망갈 수도 없다. 그때 공중에서 소리가 들려온다.

"파순아, 여인들을 그에게 주어라. 그러면 떠날 수가 있다."

두려움을 느낀 마왕이 마지못해 여인들을 유마힐에게 주자, 유마힐은 천녀들에게 설법을 한다.

"마왕이 그대들을 내게 주었으니, 모두들 아뇩다라

삼먁삼보리심(위없는 깨달음을 이루겠다는 마음, 곧 부처가 되겠다는 결심)을 발합시다.”

　그리고는 천녀들에게 알맞은 법을 들려주어 아뇩다라삼먁삼보리심을 발하게 하고는 당부를 한다.
　“이미 보리심을 발하였으니, 이제부터는 법락(法樂)을 즐길 뿐, 다시는 오욕락(五欲樂)에 빠져들어서는 아니 되오.”
　“어떠한 것이 법락입니까?”
　천녀들의 물음에 유마힐은
　①항상 부처님을 믿는 즐거움
　②법문 듣기를 바라는 즐거움
　③대중에게 공양하는 즐거움
　④오욕을 떠나는 즐거움
　⑪널리 보시를 행하는 즐거움
　⑫굳게 계를 지키는 즐거움
　㉙선지식과 가까이하는 즐거움
　㉛무량한 도품(道品)을 닦는 즐거움
　등 31가지 법락을 설한다.

그때 파순이 천녀들에게, '함께 천궁으로 돌아가자'고 하자, 천녀들은 단호하게 거절을 한다.

"당신은 저희들을 이 거사에게 주지 않았습니까? 저희는 깊이 법락(法樂)을 즐길 뿐, 다시는 오욕락(五欲樂)을 즐기지 않을 것입니다."

그러자 마왕이 교묘하게 유마거사를 설득한다.

"거사여, 이 여인들을 버리십시오. 모든 소유물을 남에게 보시하는 자가 보살 아닙니까?"

"나는 이미 버렸소. 그대가 데리고 가서 중생들이 얻고자 하는 소원들을 만족시켜 주시오."

이에 천녀들이 항변을 한다.

"왜 저희더러 마왕의 궁전에 머물라고 하십니까?"

이때 유마거사는 참으로 희유한 법문을 설한다.

"자매들이여, 무진등(無盡燈)이란 법문이 있으니 이 법문을 배우도록 하시오.

무진등 법문이란 하나의 등불로 백천 개의 등불을 밝혀서, 모든 어둠이 다 밝아지고, 밝음이 언제나 계속되게 하는 것이라오.

자매들이여, 한 사람의 보살이 이와 같이 함으로써 백천 중생의 마음을 열어 아뇩다라삼먁삼보리심을 발하게 하고, 도를 이루겠다고 하는 뜻을 결코 꺼지지 않게 하며, 법을 설할 때마다 모든 선한 법이 저절로 더욱 늘어나게 하는 것을 무진등 법문이라고 합니다.

비록 마구니의 천궁에 머무를지라도, 이 무진등 법문으로 그곳의 무수한 천자와 천녀들로 하여금 아뇩다라삼먁삼보리심을 발하게 하면, 부처님 은혜에 보답할 뿐 아니라 일체 중생에게 큰 이익을 줄 수가 있다오.”

그때 천녀들이 유마힐의 발에 이마를 대어 예배하고 마왕을 따라서 천궁으로 돌아간다.

“세존이시여, 유마힐은 이와 같이 자재한 신통력과 지혜와 변재가 있는 분입니다.

그러므로 저는 유마힐을 문병할 수 없나이다.”

마왕 파순으로부터 천녀 1만 2천 명을 받은 유마힐

은 그녀들을 불제자로 만들고 발심을 시킨 다음, 욕심 많은 마왕의 요청을 받아들여서 천녀들을 되돌려 줍니다. 이에 천녀들은 선언을 합니다.

'법락을 즐길 뿐, 다시는 마왕궁의 오욕락을 즐기지 않겠다'고.

그때 유마힐이 설한 것이 무진등無盡燈 법문입니다.

"하나의 등불이 되어 백천 개의 등불을 밝혀라. 그래서 모든 어둠을 밝히고, 밝음이 계속되게끔 하라."

이것이 무진등 법문의 요지입니다.

요즘 불교계에서는 포교를 매우 중요시하고 있습니다. 그럼 어떻게 하여야 진짜 포교가 되는가? 바로 무진등 포교를 하여야 합니다. 마구니가 있는 곳도 마다하지 않고 머물면서, 마구니들로 하여금 위없는 깨달음의 마음을 발하게 하고 선법 속에서 살아가도록 인도하는 것입니다.

이렇게 무진등 법문을 실천하는 것이 부처님의 은혜에 보답하는 길이요 자리이타의 길이라는 것을 깊이깊이 새겨야 할 것입니다.

이제 네 번째 보살인 선덕善德의 대보시회大布施會 이야기를 살펴봅시다.

장자의 아들 선덕은 스님·바라문·천민·걸인들에게 7일 동안 공양을 하는 대보시회를 연다. 그때 유마힐이 그 자리에 와서 꾸짖는다.

"마땅히 법을 베푸는 법시法施의 모임을 해야지, 왜 재시財施의 모임을 하느냐?"

"어떻게 하는 것이 법시의 모임입니까?"

당황한 선덕이 묻자 유마힐은 방법을 일러준다.

"앞도 뒤도 없이 일시에 일체중생을 공양하는 것
〔無前無後 一時供養 一切衆生〕!"

곧 사무량심四無量心·육바라밀을 비롯한 32가지 선법善法을 '일으키고·가까이하고·생각하고·기르고·익히고·닦아가고·베푸는 것'이 보시의 모임이라고 가르치면서, '보살이 이러한 법시의 모임에 머물면 대시주가 되고 일체 세간의 복전福田이 된다'고 설한다.

이에 그 자리에 있던 2백 명의 아라한이 아뇩다라삼먁삼보리심(무상보리심)을 발한다. 동시에 마음이 청정하여진 선덕은 유마힐에게 절하면서 아주 가치가 큰 보물을 바친다.

유마힐은 이 보물을 2등분 하여 한 몫은 가장 가난한 걸인에게 주고, 다른 한 몫은 광명국토의 난승여래께 바친다. 그러자 그 보배가 변하여 이루어진 좌대 위에 난승여래께서 모습을 나타내어 대중들을 환희롭게 만든다.

이상의 신통을 보인 유마힐은 결론을 맺는다.

"만약 베푸는 이가 평등한 마음으로 가난하고 미천한 걸인에게 보시를 하되, 마치 복전福田인 여래如來를 대하듯이 분별함이 없는 대비심으로 과보를 바라지 않고 보시를 하면, 이를 이름하여 구족법시라고 하노라."

이때 성안의 가난하고 미천한 걸인들이 유마힐의 위신력을 보고 설법을 듣고는 모두가 아뇩다라삼먁삼보리심을 발한다.

구족법시具足法施! 모든 것을 다 갖춘 무량공덕의 대

보시는 평등하게 하는 보시, 여래를 대하듯이 하는 보시, 대비심으로 하는 보시, 과보를 바라지 않고 행하는 보시라는 것을 이 이야기는 깨우쳐 주고 있습니다.

　나무 불가사의해탈법문 유마힐소설경.

제5 문수사리문질품文殊舍利問疾品
보살의 병에 대한 문수와 유마의 문답

　유마경 제3 제자품과 제4 보살품은 십대제자와 보살들이 유마힐에게 문병을 가지 못하는 까닭을 부처님께 말씀드리는 것으로 짜여 있는데, 제5 문수사리문질품文殊舍利問疾品은 부처님의 지시에 응하여 문병을 간 문수보살과 유마거사가 나누는 몇 가지 문답이 중심 내용을 이루고 있습니다. 이 품의 내용은

　1) 문수보살의 문병과 유마힐의 맞이

　2) 유마힐의 병과 중생과의 관계

　3) 참된 공空과 분별을 떠나는 것

　4) 유마힐이 든 병의 실체

　5) 병든 이에게 해야 할 위로의 말

6) 병을 통한 깨달음

7) 보살의 결박과 해탈

8) 어떠한 것이 참다운 보살행인가

등으로 분류할 수 있습니다. 이제 보살의 최고 경지에 도달한 문수보살과 유마거사의 친분을 극대화시키기 위해, 존칭을 생략하고 내용을 전개시켜 봅니다.

1) 문수보살의 문병과 유마힐의 맞이

두 분의 만남은 시작부터가 묘하다.

문수보살이 8천 보살과 5백 비구와 수많은 천인들과 함께 비야리성으로 들어가자 유마힐은 생각을 한다.

'지금 문수가 대중과 함께 오고 있구나. 신통력으로 이 방 안을 비워야지.'

그리고는 방 안의 물건들을 치우고 시자를 내보낸 다음, 침상 하나만을 놓고 앓는 모습으로 누워 있다.

그러다가 문수가 도착하자 먼저 인사를 한다.

"잘 왔네, 문수. 온다는 상(相) 없이 왔고, 본다는 상 없이 보네그려〔不來相而來 不見相而見〕."

"맞아. 왔다고 하여도 온 것이 아니요, 갔다고 하여도 간 것이 아니지〔若來已更不來 若去已更不去〕."

방을 비운다는 것은 무엇인가? 믿음 깊은 분이라면 이것이 공(空)을 의미한다는 것을 능히 짐작할 수 있을 것이고, 본래무일물(本來無一物)임을 보여주고자 했음을 알 수 있을 것입니다.

그리고 문수보살이 도착하자 선문답 같은 말을 먼저 주고받았으며, 그다음에 문수보살이 정식으로 병문안을 드립니다.

2) 유마힐의 병과 중생과의 관계

"유마, 병환은 좀 어떠한가? 견딜 만은 한가? 치료를 받아 좀 나아졌거나 더 심해지지는 않았는가? 세존께서 은근히 '극진하게 문병하라' 하셨다네."

그리고는 병든 까닭을 묻는다.

"유마, 무엇으로 인해 병이 생겼으며, 병이 얼마나 오래되었는가? 어떻게 하면 나을 수 있는가?"

유마힐은 참으로 기상천외의 답을 한다.

"일체중생이 병들었으므로 나도 병들었다네[以一切^{이 일 체} 衆生病 是故我病^{중 생 병 시 고 아 병}].

그러니 일체중생의 병이 나으면 나의 병도 사라질 테지[若一切衆生病 則我病滅^{약 일 체 중 생 병 즉 아 병 멸}].

왜인지 아는가? 보살은 중생을 위해 생사의 길에 들어서게 되고, 생사의 길 속에 있으면 반드시 병이 있기 마련이지 않은가? 그러므로 중생이 병을 떠나게 될 때 보살의 병도 없어지게 된다네.

예를 들겠네. 어떤 부모에게 아들이 하나 있는데, 그 외동아들이 병에 걸리면 부모도 병을 앓게 되고, 아들의 병이 나으면 부모의 병도 낫게 되는 것과 같으이.

그러므로 중생들을 아들처럼 사랑하는 보살들은

중생이 병들면 함께 병이 들고, 중생이 낫게 되면 보살의 병도 낫게 되기 마련일세. 보살의 병은 대비심![大悲心] 대비심에서 생겨나는 것이니까."

3) 참된 공空과 분별을 떠나는 것

문수보살은 다시 묻는다.

"이 방은 어째서 텅 비어 있고 시자도 없는가?"

"이 방만 비어 있는 것이 아닐세. 불국토들도 텅 비어 있네."

"왜 불국토들이 비었다고 하는가?"

"공空하기 때문에 비었다고 할 수밖에 없네."

"무엇이 비어 있어야 공하다고 하는가?"

"분별이 없는 공[無分別空]이므로 공하다고 하노라."

참된 공은 집착과 사유분별을 모두 떠난 무분별의 공이라는 것, 이 무분별의 공이 될 때 무분별지無分別智를 얻게 된다는 것을 일러주고 있습니다.

이어서 '왜 시자侍者가 없느냐'는 질문에 유마거사는
또 엉뚱한 답을 합니다.

"내게는 마구니들과 외도들 모두가 시자라네.
그 까닭이 무엇이겠는가? 마구니들은 생사를 즐기
지만 보살은 생사를 버리지 아니하고, 외도는 갖가지
소견들을 좋아하지만 보살은 여러 가지 소견들에 의
해 동요되지 않기 때문에, 마구니와 외도가 나의 시
자가 될 수밖에는."

곧 보살의 교화 대상은, 생사를 버리지 않고 갖가지
소견에 동요됨이 없는 보살들이나 착실히 불교를 믿는
승려나 신도가 아니라, 생과 사를 좋아하는 마구니와 갖
가지 소견을 내는 외도들이라는 것을 설하고 있습니다.

4) 유마힐이 든 병의 실체

유마거사는 자신이 든 병의 실체에 대해 세 가지로

간략히 답을 합니다.

①자신의 병은 상(相)이 없어 가히 볼 수가 없다는 것
②몸과 관련된 병도 마음과 관련된 병도 아니라는 것
③지·수·화·풍 사대(地水火風四大)로 인한 병이 아니지만, 중생의
　병이 사대로부터 생겨나기 때문에 자신도 병을 앓
　는다는 것

5) 병든 이에게 해야 할 위로의 말

유마거사는 열 가지 말로써 '병든 이를 위로하고 환
희롭게 해야 한다'고 천명합니다. 이 속에는 오늘날의
간병인들이 참조하여 실천하면 매우 좋을 지침들이 들
어 있으므로, 약간 길기는 하지만 모두 소개합니다.

①몸의 덧없음[無常(무상)]은 말하지만, 몸을 싫어하라고
　말하지는 않네.
②몸에 괴로움이 있음[有苦(유고)]은 말하지만, 열반을 좋

아하라고 말하지는 않네.

③몸이 무아($無我$)라고 말하지만, 그래도 중생을 가르치고 지도하라고 한다네.

④몸의 공적($空寂$)하다고 말하지만, 그 공적이 영원한 적멸이라고 말하지는 않네.

⑤지난날의 죄를 참회하라고는 말하지만, 과거로 들어가라고 말하지는 않네.

⑥자신의 병듦을 통하여 다른 병든 이를 불쌍히 여기라고 한다네.

⑦과거에 겪은 무수한 고통을 상기하면서 중생에게 어떤 이익을 줄 것인지를 생각도록 한다네.

⑧이미 닦은 복을 기억하면서 앞으로 청정하게 살아갈 것을 생각도록 한다네.

⑨근심 걱정하지 말고 항상 정진하라고 한다네.

⑩의왕($醫王$)이 되어서 중생의 병을 치료하라고 한다네.

6) 병을 통한 깨달음

이어 '병든 보살은 어떻게 그 마음을 조복해야(다스려야) 하는지'를 묻는 문수보살의 질문에 대해, 유마힐은 '병이 어디서 왔는지'부터 생각해야 한다고 답합니다.

"우리의 병이란, 다 전세(前世)의 망상이나 전도된 번뇌들로부터 생겨난 것이라네.

하지만 진실로 변하지 않는 법이라고는 없지 않은가? 그러므로 병은 얼마든지 나을 수가 있네.

지금 병을 받고 있는 이 몸은 사대(四大)가 모여서 임시로 생겨난 것일세. 그렇지만 사대에 어디 주인이 있는가?

이 몸 또한 주인이 없는 무아(無我)인데, 이 주인 없는 몸에 집착을 하기 때문에 병이 생겨나는 것이야. 그러므로 '나'에 대한 집착을 일으키지 말아야 하네."

곧 신무주(身無主) 신무아(身無我)! 몸은 주인이 따로 없고 몸은 무아라는 것을 깨달음으로써 병든 몸을 다스려야

함을 일깨워 주고 있습니다.

그다음으로 법상法想·공법空法·반연攀緣·무소득無所得 등에 대해 장황하게 설한 다음, 애견대비愛見大悲(사랑의 집착이 남아 있는 자비)에 대해 이야기를 하면서, 병든 보살이 어떻게 마음을 다스려야 하는지에 대한 법문을 마무리 짓습니다.

"병이 있는 보살은 생각해야 한다네.

'나의 이 병이 진짜로 있는 것이 아니듯이, 중생의 병도 진짜로 있는 것이 아니다.'

이와 같이 관하되, 중생들에 대해 애견대비愛見大悲가 생기면 즉시 없애 버려야 하네. 그 까닭이 무엇인가?

객진번뇌客塵煩惱(대상에 이끌려서 일으키는 번뇌)를 끊어 버리고 대비심大悲心을 일으켜야 하는 보살에게 애견대비가 남아 있으면, 생사(삶)에 대해 지치고 싫증 나는 마음을 내게 된다네. 반대로 애견대비를 떠나게 되면 지치고 싫증 나는 마음이 사라져 버리지.

어디 그뿐인가? 태어나 사는 곳마다 애견愛見(사랑에 대한 집착)에 가려지면 결박을 당하게 되는데, 결박됨이

없어야 중생들에게 정법을 설하여 그들의 결박을 풀
어 줄 수 있지 않겠는가?

그래서 부처님께서 설하셨지.

'스스로가 결박되어 있으면 남의 결박을 능히 풀어
줄 수가 없고〔若自有縛 能解彼縛 無有是處〕,

스스로의 결박을 푼 사람이라야 남의 결박을 능히
풀어 줄 수가 있다〔若自無縛 能解彼縛 斯有是處〕'고."

7) 보살의 결박과 해탈

여기에서는 선정보다 방편과 지혜를 강조하고 있습
니다.

"선정의 맛에 탐착하며 사는 보살은 결박을 당하
고, 방편으로 살아가는 보살은 해탈을 얻는다."고 한
다음, 이렇게 설한다.

"①방편 없는 지혜는 결박이요

②방편 있는 지혜는 해탈이며

③지혜 없는 방편은 결박이요

④지혜 있는 방편은 해탈이다."

그리고 이들 네 가지가 구체적으로 어떠한 것인지를 설명한 다음, 보살은 반드시 지혜와 방편을 함께 갖추어서 그 마음을 다스려야 한다는 것을 일러주고 있습니다.

8) 어떠한 것이 참다운 보살행인가

이 마지막 단락에서는 불교의 다양한 교리들을 총동원하여 32가지로 나누어 참다운 보살행이 어떠한 것인지를 설명합니다.

그 내용이 길어 생략하지만, 이 32가지 보살행 하나하나의 가르침을 새기고 익히면 불법을 닦고 익히는 이의 향상에 큰 도움이 될 수 있으니, 유마경 본문을 통하여 깊이 살펴 보시기 바랍니다.

태어난 존재는 누구나 늙고 병들어 죽게 되어 있습니다. 그렇다면 과연 신음하는 병, 늙어가는 병, 죽어가는 병 속에서 무엇을 느끼며 살아가야 하는지?

물론 각자가 생각하는 바는 다 다를 것입니다. 하지만 한 번쯤은 유마거사처럼, '**중생이 병들기에 나도 병든다**'는 대보살의 병을 생각해 보십시오. 보살의 마음으로 스스로의 병과 주위의 병을 다스려 보십시오.

보살의 마음으로 중생의 병을 바라볼 때 생로병사를 벗어나는 진정한 해탈의 문이 열리게 되리니….

나무 불가사의해탈법문 유마힐소설경.

제6 부사의품不思議品
불가사의한 유마의 방

유마거사의 방은 사방四方이 각 일장一丈(약 3m)이기 때문에 '방장方丈'이라고 하는데, 총림 사찰의 가장 높은 스님을 '방장方丈'이라 칭하는 것 또한 유마거사가 거처하는 이 방장에서 유래된 것입니다. 유마경 제6 부사의품은 유마거사가 거처하는 방을 보고 사리불이 일으키는 의문에서부터 시작됩니다.

사리불은 유마힐의 방이 텅 비어 있고 평상조차 없는 것을 보며 생각을 한다.
'여기에 온 8천의 보살과 5백의 성문제자들은 도대체 어디에 앉아야 하는가?'
사리불의 생각을 간파한 유마는 되묻는다.

"그대는 법을 구하러 왔는가? 자리를 구하러 왔는가?"

깜짝 놀란 사리불은 엉겁결에 답을 한다.

"나는 법을 위해 온 것이지, 자리 때문에 오지 않았소."

유마는 더 무섭게 몰아붙인다.

"법을 구하는 사람이라면 목숨도 아끼지 않아야 하거늘, 어찌 앉을 자리에 마음을 두는가?"

그리고는 법을 구하는 사람이 구하지 않아야 할 것, 집착하지 않아야 할 것, 사리불이 닦은 소승의 사성제법四聖諦法을 어떻게 구해야 하는지를 일러주고, 앞으로 닦아 익혀야 할 법 열 가지를 가르쳐 준다(경문 참조).

이어서 유마힐은 법을 구하는 이가 지녀야 할 핵심 법문을 설합니다.

"만약 진리를 구하는 이라면 일체법에 대해 마땅히 구하는 바가 없어야 한다[若求法者 於一切法 應無所求]."
약구법자 어일체법 응무소구

이 법문을 듣고 5백의 천자天子들은 법을 밝게 볼 수 있는 법안法眼을 얻습니다.

다시 유마가 문수보살에게 묻는다.

"어느 불국토의 사자좌가 가장 훌륭한가?"

"수미상불국토須彌相佛國土의 수미등왕불須彌燈王佛의 사자좌가 가장 좋지 않을까?"

유마힐이 신통력을 발휘하자, 곧바로 수미등왕불은 높이 4만 2천 유순(1유순은 36km)인 사자좌 3만 2천 개를 유마힐의 방으로 보낸다.

그런데 정말 묘한 일이 일어났다. 사방 1장의 방 속에 그 크고 많은 사자좌들을 모두 놓았는데도 조그마한 문제도 생기지 않는 것이다.

그때 유마힐이 말한다.

"보살들이여, 선 키가 사자좌 높이만큼 되게 하여 앉으시구려."

신통력을 갖춘 보살들은 스스로의 키를 4만 2천 유순으로 변화시켜서 사자좌에 앉았는데, 새로 발심한 보살과 성문대제자들은 올라갈 수조차 없다. 그때 유마가 사리불에게 재촉을 한다.

"사자좌에 앉으시오."

"너무 높고 커서 올라갈 수가 없습니다."

"수미등왕불께 예배를 드리면 앉을 수가 있소."

사리불과 대제자들, 새로 발심한 보살들은 일제히 수미등왕불께 예배를 드리자, 일순간에 모두가 사자좌에 앉을 수 있게 된다.

이에 사리불은 감탄을 한다.

"이처럼 좁은 방에 이토록 많고 높고 큰 사자좌를 들여놓았는데도, 이 방과 주변의 그 어떠한 것에도 아무런 영향을 미치지 않다니!"

이와 같은 불가사의한 현상을 경험하면서 사리불의 자리에 대한 근심은 끝을 맺게 됩니다.

이어 유마거사는 '이것이 해탈한 부처님과 대보살들이 발휘하는 불가사의'라고 한 다음, 보살이 불가사의한 해탈에 머무를 때 발휘하는 11가지 해탈법문을 설합니다.

①수미산을 겨자씨 속에 넣고

②모든 바닷물을 한 털구멍 속에 넣고

③삼천대천세계를 오른손에 쥐고 향하사 밖으로 던지는 등의 상상을 초월한 내용들입니다.

그러나 이 11가지 또한 보살의 해탈법문을 간략히 추린 것이요, 자세한 것은 겁이 다할 때까지 설하여도 끝이 나지 않는다고 합니다.

이때 떠돌면서 도를 닦는 두타행^{頭陀行}을 가장 잘한다는 대가섭존자가 사리불에게 한탄을 한다.

"장님에게 멋진 것을 보여주어도 보지 못하듯이, 우리는 이 불가사의한 해탈법문을 듣고도 이해조차 못 하고 있습니다. 어찌하여 우리는 이 대승^{大乘}에 대해 뿌리를 끊어버려 썩은 종자처럼 되었을까요?"

그때 유마는 참으로 기상천외의 말을 한다.

"가섭이여, 시방의 한량 없는 세계에 있는 마왕들 중에는 불가사의한 해탈의 경지에 머물러 있는 보살들이 많이 있지요. 그들은 중생을 교화하기 위해서, 방편력으로 마왕의 모습을 나타내고 있다오."

보살이 중생을 교화하기 위해 마왕의 모습을 취한다는 이 뼈 있는 법문! 과연 우리의 주위에는 우리를 깨우치기 위해 마왕의 행위와 말을 하는 보살이 계시지는 않은지요? 만약 그 마구니 같은 이가 보살이라면, 우리는 그를 어떻게 대해야 할까요?

이어 유마는 보살도를 수행하는 이에게 손·발·눈 등을 달라거나, 집과 돈과 처자를 달라거나, 의복·음식·보물을 달라는 이들은 그를 시험하고 수행을 견고하게 만들기 위해 찾아온 역행보살逆行菩薩이라고 깨우쳐 준다.

동시에 핍박하는 모습을 나타내어 어려운 일을 요구하는 것이 마왕으로 변장한 보살의 지혜방편문智慧方便門이라는 것을 상기시켜 준다.

이렇게 끝부분에서 마왕과 보살에 대해 특이한 법문을 펼치고 있는 이 부사의품은, 유마와 같은 불가사의한 해탈보살이 머무는 방이 방장이라는 것을 일깨워 주는 품입니다.

방장! 우리나라에는 현재 해인총림·영축총림 등 8개의 총림이 있으며, 그곳에 계신 최고의 스승을 '방장'이라고 칭합니다. 곧 유마와 같이 불가사의의 능력을 갖춘 분이 총림을 이끌고 계시니 얼마나 다행한 일입니까! 유마를 생각하며 그분들께 합장배례하옵니다.

나무 불가사의해탈법문 유마힐소설경.

제7 관중생품觀衆生品
천녀가 뿌린 꽃과 해탈

유마경의 일곱 번째 품으로 '보살이 중생을 어떻게 관찰해야 하고 어떻게 사랑해야 하는지'에 대해 밝힌 관중생품觀衆生品은, 유마거사에게 답을 구하는 문수보살의 질문으로 시작이 됩니다.

"유마, 보살은 중생을 어떻게 관해야 하는가?"
"마술사가 만든 꼭두각시를 보듯이 중생을 보아야 하네.
한낮의 아지랑이 · 메아리 · 뜬구름 · 물거품 · 파초의 줄기 · 번갯불과 같이 보아야 하네.
장님이 빛을 보듯이, 공중을 나는 새의 자취와 같이, 석녀石女가 낳은 아이와 같이, 잠에서 깨어났을 때 되돌아보는 꿈과 같이 중생을 보아야 하네…."

유마거사는 무려 30가지의 현상을 예로 들어서 중생을 '이렇게 관하라'고 하는데, 이는 보살이 중생에 대해 한 치의 집착이나 고정된 관념 없이 보고 대해야 한다는 것입니다.

왜 이렇게 설하신 것일까?

그래야만 중생들에게 아무런 집착 없이 진정한 자비의 손길을 뻗쳐서 교화할 수 있기 때문입니다. 곧 보살은 성실하게 중생 구제를 하되, 한 치의 집착도 없는 무주상無住相의 냉정을 지켜야 한다는 것입니다.

이어서 문수보살은 유마거사에게 자慈·비悲·희喜·사捨의 4무량심四無量心을 설명하라고 합니다. 문수보살이 먼저 "보살이 어떻게 중생을 사랑[慈]하는가?"를 묻자, 유마거사는 보살이 중생을 위해 행하는 진실한 사랑[慈] 29가지를 밝힙니다.

"보살은 이러한 사랑[慈]들을 행한다네.
①남[生]이 없는 적멸의 사랑

②번뇌가 없는 뜨겁지 않은 사랑

③어느 때나 한결같은 평등한 사랑

④감정의 일어남이 없는 다툼 없는 사랑

⑤안과 밖이 둘이 아닌 사랑 (이하는 경전 참조)."

문수사리가 또 묻는다.

"무엇을 비(悲)라고 하는가?"

"보살이 이룩한 공덕 모두를 일체중생과 함께 공유하는 것이 비(悲)라네."

"무엇을 희(喜)라고 하는가?"

"중생을 이롭게 함을 기뻐할 뿐, 후회함이 없다네."

"무엇이 사(捨)인가?"

"복을 지어 도와줄 뿐, 바라는 바가 없다네."

그리고는 다시 머무름이 없는(無住) 마음을 근본으로 삼아 4무량심을 실천해야 한다고 천명합니다.

그때 유마힐의 집에 있던 한 천녀가 문득 몸을 나타내어 극적인 장면을 전개합니다.

천녀는 하늘꽃〔天華〕을 보살들과 대제자비구들 위로 뿌린다. 그런데 보살들에게 뿌린 꽃은 모두 땅으로 떨어졌으나, 대제자들에게 뿌린 꽃은 몸에 붙은 채 떨어지지가 않는다.

대제자들이 신통력으로 그 꽃을 떼려 하나 뗄 수가 없다. 그때 천녀가 대제자 가운데 으뜸인 사리불존자를 택하여 질문을 한다.

"왜 꽃을 떼려 하십니까?"

"이 꽃은 여법(如法)하지가 않소. 그래서 떼려는 것이오."

"이 꽃이 여법하지 않다고요? 그런 말 마십시오. 이 꽃은 분별함이 없는데 스님 스스로가 분별망상을 일으키고 있을 뿐입니다. 스님처럼 출가를 하였으면서 이렇게 분별하는 것이 오히려 여법하지 못한 것이지요.

저 보살들을 보십시오. 그들에게는 꽃이 달라붙지 않습니다. 왜? 이미 일체의 분별망상을 끊어버렸기 때문입니다.

사람이 두려움에 빠져 있으면 귀신이 문득 치고 들

어오듯이, 삶과 죽음을 두려워하면 색·성·향·미·촉이 문득 치고 들어옵니다. 그러나 두려움을 떠난 이는 일체의 오욕^{五欲}이 그를 어떻게 하지를 못합니다.

번뇌망상의 습^習이 남아 있는 이의 몸에는 꽃이 달라붙거니와, 번뇌망상의 습이 다 없어진 이의 몸에는 꽃이 달라붙지 않습니다."

사리불은 큰 방망이를 한 방 맞은 듯했다. 아직도 자신에게 생사에 대한 두려움이 있고 번뇌망상의 습이 남아 있다며 일개 천녀가 꾸짖고 있다니…. 그래서 천녀의 정체가 궁금하여 질문을 한다.

"천녀여, 이 집에 머문 지가 얼마나 되었소?"

"제가 이 집에 머문 지는 노스님께서 해탈한 것만큼 오래되었습니다."

"그렇게 오래되었는가요?"

천녀가 몇 년이라고 하지도 않았는데 '그렇게 오래되었나'고 하니, 사리불 스스로가 해탈을 한 지 오래되었다고 말한 것이나 다를 바가 없다. 이것을 놓칠 까닭이 없는 천녀이지 않은가?

"노스님께서 해탈하신 지는 얼마나 되셨습니까?"

사리불은 말문이 막혀 답을 하지 못한다.

"노스님께서는 대지혜를 갖춘 분인데 어째서 말을 하지 않습니까?"

"해탈은 말로써 설명할 수 없는 것이오. 내가 뭐라고 해야 할지를 모르겠소."

이렇게 얼버무리자 천녀는 더 큰 방망이를 날린다.

"말도 문자도 다 해탈의 모습입니다. 왜냐고요? 해탈이 안에 있는 것도 밖에 있는 것도 그 사이에 있는 것도 아니듯이, 말과 문자 또한 안에 있는 것도 밖에 있는 것도 그 사이에 있는 것도 아니기 때문입니다.

그러므로 대사님, 말과 문자를 떠나서 해탈을 설명하려고 하지 마십시오. 왜냐하면 일체의 법이 해탈의 모습이기 때문입니다."

그러나 성문대제자인 사리불에게는 일체가 해탈의 모습이라는 말이 이해가 되지 않는다. 그래서 나름대로 체득한 해탈관을 피력한다.

"아니지요. 음욕(淫)과 분노(怒)와 어리석음(癡)을 떠나는 것을 해탈이라고 하지요."

이러한 성문대제자의 해탈에 대해 천녀는 단호하게 대승보살의 해탈을 일깨워 준다.

"부처님께서는 완전한 깨달음을 얻지 못하였으면서 깨달았다며 자랑하고 잘난체하는 증상만(增上慢)에 사로잡힌 사람들을 위해서만 음욕과 분노와 어리석음을 떠나는 것을 해탈이라고 말씀하셨을 뿐, 증상만이 없는 사람에게는 음욕과 분노와 어리석음의 본성도 해탈이라 하고 계심을 왜 모르십니까?"

부처님 말씀만 따라가는 성문의 해탈법,

번뇌를 멸하였다는 성문의 분별,

깨달음에 사로잡혀 있는 성문의 증상만.

천녀는 이러한 성문의 잘못된 깨달음을 차례로 깨뜨려 버립니다. 그러자 마침내 사리불존자가 항복을 합니다.

그런데도 자기와는 도저히 비교가 되지 않는 천녀를

대하면서 사리불은 또다시 스스로의 관념에 빠진 질문을 던집니다.

"그대는 불가사의한 경지에 있는데, 어찌하여 여인의 몸을 버리지 않는 것이오?"

"제가 12년 전 이곳에 온 이래, 줄곧 여인의 모습을 찾아보았지만 찾을 수가 없더이다. 그런데 무엇을 바꾸라는 말씀입니까?

마치 마술사가 마술로 만들어 놓은 가짜 여인에게 '당신은 왜 여인의 몸을 바꾸지 않느냐'고 한다면 이 사람의 질문을 올바른 것일까요?"

"옳지 않지요."

"일체제법(一切諸法) 또한 마술로 만든 것과 같아서 정해진 것이 없거늘, 어찌 '여인의 모습을 바꾸지 않느냐'고 하십니까?"

이렇게 말한 다음 천녀는 신통력으로 사리불을 천녀로 변화시키고 자신을 사리불로 변화시킨 다음에 되묻는다.

"어찌하여 여인의 몸을 바꾸지 않습니까?"

천녀의 모습을 한 사리불이 답한다.

"나는 지금 어떻게 여인의 몸으로 바뀌었는지조차도 알 수가 없소."

"대사님, 만약 지금의 그 여인의 몸을 능히 바꿀 수 있다면, 다른 모든 여인들도 능히 몸을 바꿀 수 있을 것입니다. 대사님께서 여인이 아니면서 여인의 몸을 나타내고 있듯이, 모든 여인들 또한 여인의 몸을 나타내고 있지만 여인으로 고정되어 있는 것이 아닙니다. 그러므로 부처님께서 '일체제법은 남자도 아니고 여자도 아니다'라고 하신 것이지요."

마침내 천녀는 남녀평등을 넘어서서 일체제법의 평등까지 설하게 됩니다. 이렇게 일체제법의 실상을 보여준 천녀가 신통력을 거두어들이자, 사리불의 몸은 이전과 같은 대제자의 모습으로 돌아갑니다.

천녀에게 완전히 참패를 한 부처님의 제1제자 사리불. 마침내 두 사람의 대화를 묵묵히 듣고만 있던 유마거사가 나서서 천녀의 경지를 증명해 줍니다.

"이 천녀는 이미 92억 부처님들께 공양을 하였다오. 그래서 이미 보살의 신통력을 마음대로 쓸 뿐 아니라, 원들을 다 성취하여 번뇌가 없는 무생법인(無生法忍)을 얻고 물러남이 없는 불퇴전(不退轉)의 경지에 이르렀지요. 그러나 본래의 원력 때문에 그 모습을 마음대로 바꾸면서 중생을 교화하고 있다오."

무슨 뜻인지 알 수 없는 듯하면서도 깊은 뜻이 담겨 있는 듯한 관중생품의 천녀와 사리불의 대화와 신통력.
그냥 '그런 말이구나' 하지 말고 곰곰이 새기고 또 새겨보십시오. 불교의 진리와 세계관·평등관이 이 속에 그대로 담겨 있으니….

나무 불가사의해탈법문 유마힐소설경.

제8 불도품佛道品
불도를 통달하는 법

제8 불도품佛道品은 '도를 통달하려면 어떻게 해야 하는지'에 대해 설하고 있습니다. 문수보살은 이에 대해 유마거사에게 묻습니다.

"보살은 어떻게 불도를 통달하는가?"
"길 아닌 길을 가면 불도를 통달한다네."
"길 아닌 길? 어떤 것이 길 아닌 길인가?"
"①무간지옥의 죄를 짓되 번뇌나 분노가 없고
 ②지옥에 가되 죄와 잘못이 없고
 ⑥탐욕의 짓을 하되 물듦과 집착이 없고
 ⑪화내는 모습을 보이되 항상 인자하고
 ⑰번뇌에 잠긴 듯하지만 마음이 항상 청정하고

㉙사도에 들어간 듯하나 정법으로 중생을 제도하
  며"

  등의 31가지를 제시하고, 이러한 길 아닌 길을 닦
으면 불도를 통달할 수 있다고 한다.

  보살의 길! 유마거사가 설한 보살의 길들은 겉모습
과 속이 전혀 다릅니다. 그리고 이를 한마디로 달리 표
현하면 '진흙탕 속에 핀 연꽃'입니다.

  진흙탕과 같은 이 세상에 살지만, 일반인들이 좇는
번뇌의 길·욕심의 길·이기심의 길이 아니라, 연꽃과 같
은 청정의 길·교화의 길·자비의 길을 걸어가면서 반드
시 불도를 통달한다는 것입니다.

  이제 유마가 문수에게 여래종如來種, 곧 여래의 종자
요 여래가 될 씨앗이 무엇인지를 묻습니다. 그런데 문수
또한 이에 대해 참으로 뜻밖의 답을 합니다.

  "①우리의 이 몸이 여래가 될 씨앗이네.
  ②중생의 무명과 애착이 여래가 될 씨앗이네.

③탐욕과 성냄과 어리석음이 여래가 될 씨앗이네.

⑩십불선도가 여래가 될 씨앗이네.

통틀어 일체의 번뇌 모두가 여래종이라네."

"어찌하여 그러한가?"

"성문들처럼, 번뇌를 끊고 함이 없는 무위^{無 爲}로써 바른 깨달음에 이르고자 하는 이는 가장 높은 깨달음을 이루는 아뇩다라삼먁삼보리심(무상보리심)을 발하지를 못하네.

마치 연꽃이 평탄하고 좋은 땅에서는 피어나지 못하고, 질척거리는 흙탕물 속에서 피어나는 것과 같지.

번뇌를 끊어 깨달음에 들어가려고 하는 이는 끝내 부처가 될 법〔佛法〕을 일으키지 못하지만, 번뇌라는 흙탕물 속에서 사는 중생은 능히 부처가 될 법을 일으킬 수 있다네.

마치 허공에 씨를 뿌리면 싹이 돋아나지 않지만, 거름똥을 친 땅에 씨를 뿌리면 싹이 나고 무성하게 자라는 것과 같으이.

그러므로 꼭 알아야 하네.

일체 번뇌가 여래가 될 씨앗[如來種]이 된다는 것을!

부처가 될 도를 닦는 이는 이를 잊지 말아야 하네.

바다 밑으로 내려가지 않고서는 훌륭한 보주를 얻지 못하는 것과 같이, 번뇌의 큰 바닷속에 들어가지 않고서는 일체지의 보배를 얻을 수 없다는 것을!"

더 부연 설명은 하지 않겠습니다. 오히려 설명이 참된 말씀을 그르칠 것이기에….

그때 대가섭이 스스로가 닦은 성문의 길을 생각하며 깊이 탄식을 하더니, 곧바로 찬탄을 한다.

"참으로 훌륭합니다, 문수사리여.

정말 말씀하신 대로 온갖 번뇌가 여래의 씨앗입니다. 지금 상태의 저희 성문들로써는 감히 아뇩다라삼먁삼보리심을 발하지 못할 것 같습니다.

어떻게 저희 같은 이가 무간지옥의 죄를 지으면서 능히 발심을 할 것이며, 부처가 되는 법을 통달할 마

음을 내겠습니까? 어떻게 몸의 기운이 다한 이가 오
욕 등의 인간 욕망을 이롭게 쓸 수 있겠습니까?"

그때 대중 속에 있던 보현색신보살이 유마거사에게,
'누가 당신의 부모요 처자요 친척이요 벗이며, 재산의
관리는 누가 합니까?'라는 질문을 던집니다.

유마는 이에 대한 답을 매우 긴 게송으로 표현하고
있는데, 법화경·화엄경 등에는 한 품이 끝날 때마다 그
품의 내용을 정리한 게송들이 있지만, 유마경에는 오직
이 불도품에만 게송이 있습니다.

불도를 닦는 방법과 보살들이 불도를 통달하는 방법
에 대해 일목요연하게 설하고 있는 이 게송을 평소에
독송한다면 공부에 큰 도움이 될 것입니다.

전체는 5언言 4구句의 게송 42수인데, 이 게송 가운데
무엇이 보살의 부모요 처자 등이며, 보살들이 중생을
교화하기 위해 보여주는 자비행이 어떠한 것인지에 대
한 것 16수만 가려 뽑아서, 불자들의 신심을 두텁게 하
고 불도를 이루는 무상보리심을 함께 느껴 보고자 합
니다.

마하반야	바라밀은	보살 어머니	지 도 보 살 모 智度菩薩母
방편력은	보살들의	아버지시니	방 편 이 위 부 方便以爲父
모든 중생	이끄시는	스승님들은	일 체 중 도 사 一切衆導師
모두 이를	의지하여	나오신다네	무 불 유 시 생 無不由是生

법을 만나	기뻐함을	아내로 삼고	법 희 이 위 처 法喜以爲妻
자비로운	그 마음을	딸로 삼으며	자 비 심 위 녀 慈悲心爲女
성실함과	선한 마음	아들이 되고	선 심 성 실 남 善心誠實男
어느 때나	공적한 곳	보살 집이다	필 경 공 적 사 畢竟空寂舍

여러 가지	바라밀은	참 도반이요	제 도 법 등 려 諸度法等侶
사섭법은	아름다운	기녀들일새	사 섭 위 기 녀 四攝爲伎女
그지없는	미묘 법문	노래하나니	가 영 송 법 언 歌詠誦法言
이런 좋은	음악들이	어디 있으리	이 차 위 음 악 以此爲音樂

죽음 없는	감로법이	먹는 밥이요	감 로 법 지 식 甘露法之食
해탈미가	즐겨 먹는	국이 되나니	해 탈 미 위 장 解脫味爲漿
맑은 마음	지니는 것	내 목욕이며	정 심 이 조 욕 淨心以澡浴
계 갖춤이	몸에 향수	바름이로다	계 품 위 도 향 戒品爲塗香

번뇌라는　도둑들을　물리친 보살　최 멸 번 뇌 적
그 누구도　못 이기는　용감한 영웅　催滅煩惱賊
네 종류의　마구니를　굴복시키고　용 건 무 능 유
도량에다　승전 깃발　드날린다네　勇健無能踰

항 복 사 종 마
降伏四種魔
승 번 건 도 량
勝幡建道場

일어남과　사라짐이　비록 없지만　수 지 무 기 멸
중생 위해　이 세상에　태어나시어　雖知無起滅
국토마다　남김없이　몸을 나투고　시 피 고 유 생
태양처럼　모든 이가　보게 하노라　示彼故有生

실 현 제 국 토
悉現諸國土
여 일 무 불 견
如日無不見

불 가운데　연꽃 솟아　피어 있음이　화 중 생 연 화
희유하기　그지없는　일임과 같이　火中生蓮花
오욕 속에　있으면서　선을 닦는 일　시 가 위 희 유
이것 또한　희유하기　그지없도다　是可謂希有

　　　　　　　　禪　　재 욕 이 행 선
　　　　　　　　　　　在欲而行禪
　　　　　　　　　　　희 유 역 여 시
　　　　　　　　　　　希有亦如是

어떤 때는　음녀 모습　나타내어서　혹 현 작 음 녀
호색한들　남김없이　유인하나니　或現作淫女
먼저 애욕　갈고리로　끌어당기고　인 제 호 색 자
뒤에 다시　불지혜에　들게 하노라　引諸好色者

　　　　　　佛 智 慧　　선 이 욕 구 견
　　　　　　　　　　　先以欲鉤牽
　　　　　　　　　　　후 령 입 불 도
　　　　　　　　　　　後令入佛智

			제 유 빈 궁 자
가난하고	궁한 사람	구제하고자	諸有貧窮者
다함 없는	보배창고	보여주고는	현 작 무 진 장 現作無盡藏
부지런히	베풀면서	이끌어 주고	인 이 권 도 지 因以勸導之
무상보리	얻을 마음	발하게 한다	영 발 보 리 심 令發菩提心

			아 심 교 만 자
我 相 아상 많고	교만스런	사람에게는	我心憍慢者
大 力 士 대역사의	모습들을	나타내어서	위 현 대 역 사 爲現大力士
거드름과	교만 등을	모두 다 꺾어	소 복 제 공 고 消伏諸貢高
無 上 道 무상도에	머무를 수	있게 하노라	영 주 무 상 도 令住無上道

			기 유 공 구 중
중생들이	두려움에	떨고 있으면	其有恐懼衆
그들 앞에	나타나서	위안을 하고	거 전 이 위 안 居前而慰安
두려움이	사라지게	베푼 다음에	선 시 이 무 외 先施以無畏
道 心 도심 크게	발하도록	인도하노라	후 영 발 도 심 後令發道心

			혹 현 이 음 욕
어느 때나	음욕들을	모두 떠나서	或現離婬欲
다섯 가지	신통 갖춘	선인이 되어	위 오 통 선 인 爲五通仙人
모든 중생	부지런히	開 導 개도하여서	개 도 제 군 생 開導諸群生
지계 인욕	자비 속에	머물게 한다	영 주 계 인 자 令住戒忍慈

남의 시중 바라는 이 보게 될지면 _{견 수 공 사 자}
見須供事者
머슴이나 심부름꾼 모습 나투어 _{현 위 작 동 복}
現爲作僮僕
그의 뜻을 그지없이 기쁘게 한 뒤 _{기 열 가 기 의}
旣悅可其意
도를 닦아 이룰 마음 발하게 한다 _{내 발 이 도 심}
乃發以道心

어느 누가 그 무엇을 필요로 하면 _{수 피 지 소 수}
隨彼之所須
부처님의 도 속으로 들게 하고자 _{득 입 어 불 도}
得入於佛道
좋고 묘한 방편력을 모두 기울여 _{이 선 방 편 력}
以善方便力
원하는 것 만족스레 마련해 준다 _{개 능 급 족 지}
皆能給足之

이와 같은 한량없는 보살의 도를 _{여 시 도 무 량}
如是道無量
어디서나 장애 없이 실천을 하고 _{소 행 무 유 애}
所行無有涯
끝을 가히 알 수 없는 보살 지혜로 _{지 혜 무 변 제}
智慧無邊際
셀 수 없이 많은 중생 제도하노라 _{도 탈 무 수 중}
度脫無數衆

어느 누가 이와 같은 법을 듣고서 _{수 문 여 시 법}
誰聞如是法
보리심을 일으키지 아니하리오 _{불 발 보 리 심}
不發菩提心
다만 저들 어리석고 무지한 이와 _{제 피 불 초 인}
除彼不肖人
지혜 없는 사람들은 제외하노라 _{치 명 무 지 자}
癡冥無智者

이처럼 보살들이 훌륭한 법들을 가족과 식솔로 삼아, 중생을 구하기 위해서 상상을 뛰어넘는 일들을 하고 있으니, 우리가 달리 해야 할 일은 그 무엇이겠습니까?

나무 불가사의해탈법문 유마힐소설경.

제9 입불이법문품入不二法門品
불이법문不二法門

　지금까지의 유마경 법문은 주로 유마거사와 문수보살과 사리불을 중심으로 펼쳐졌습니다. 이제 무대는 청중석으로 옮겨갑니다. 유마거사를 둘러싸고 있던 보살들이 스스로가 체득한 불이不二의 경지를 토로하는 장을 마련한 것입니다.

　하지만 유마경 제9 입불이법문품入不二法門品의 내용은 매우 심오합니다. 불이의 진리로 들어가는 문[不二法門]에 대해 설하고 있기 때문입니다.

　곧 불이법문이란, 이것과 저것의 대립이 아니라, 이것과 저것이 둘이 아닌 불이의 경지로 들어가서 깊은 깨달음을 이루는 법의 문이라는 뜻입니다. 이제 입불이법문품 속으로 들어가 봅시다.

처음, 유마힐이 보살들에게 말한다.

"보살님들이 어떻게 하여 불이법문^{不二法門}에 들어갔는지
를 편안하게 말씀해 보십시오."

'불이'의 경지에 이르게 된 체험담을 이야기해 달라는
것입니다.

①먼저 법자재보살이 입을 연다.

"생^生과 멸^滅은 서로 대립하고 있습니다. 그러나 진리
는 본래 생하지 않았고 지금도 멸함이 없습니다. 저
는 생함이 없는 무생법인^{無生法忍}을 확신함으로써 불이법문에
들어갑니다."

⑨사자보살이 말한다.

"죄와 복은 서로 대립하고 있습니다. 만약 죄의 본
성이 복과 다름없음을 금강석과 같은 지혜로써 분명
히 알면, 죄와 복으로 인한 속박과 해탈이 없게 되어
불이법문에 들어갑니다."

⑮보수보살이 말한다.

"나〔我〕와 무아^{無我}는 둘이지만 나를 얻을 수 없는데

어찌 나 아닌 것을 얻을 수 있겠습니까? 나의 실성(實性)을 보게 되면 아(我)와 무아를 둘로 보지 않게 되나니, 이것으로 불이법문에 들어갑니다."

이와 같이 31명의 보살들이 등장하여 불이법에 대해 설합니다.

더러움과 깨끗함이 둘이 아니요[染淨不二 염정불이]

바름과 삿됨이 둘이 아니요[正邪不二 정사불이]

나와 나의 대상이 둘이 아니다[我我所不二 아아소불이]

라는 등의 상대적인 두 가지 사항이 결코 둘이 아님[不二 불이]을 깨달아서 해탈의 세계로 들어감을 천명하고 있습니다.

물론 그 속에는 세간과 출세간의 대립, 생사와 열반의 대립, 지혜와 무명의 대립 등 형이하학과 형이상학의 문제도 포함되어 있습니다.

이 31명의 보살 이름과 대립되는 두 가지를 요약하면 다음과 같습니다.

①법자재보살[法自在菩薩]:생과 멸[生滅]

②덕수보살德守菩薩:나[我]와 내 것[我所]

③불현보살不眴菩薩:받음[受]과 받지 않음[不受]

④덕정보살德頂菩薩:더러움[垢]과 깨끗함[淨]

⑤선숙보살善宿菩薩:움직임[動]과 생각[念]

⑥선안보살善眼菩薩:일상一相(하나의 모습)과 무상無相(모습 없음)

⑦묘비보살妙臂菩薩:보살심菩薩心과 성문심聲聞心

⑧불사보살弗沙菩薩:선善과 불선不善

⑨사자보살師子菩薩:죄罪와 복福

⑩사자의보살師子意菩薩:유루有漏(번뇌가 있음)와 무루無漏(번뇌가 없음)

⑪정해보살淨解菩薩:유위有爲(함이 있음)와 무위無爲(함이 없음)

⑫나라연보살那羅延菩薩:세간世間과 출세간出世間

⑬선의보살善意菩薩:생사生死와 열반涅槃

⑭현견보살現見菩薩:다함[盡]과 다하지 않음[不盡]

⑮보수보살普守菩薩:나[我]와 무아無我

⑯전천보살電天菩薩:명明과 무명無明

⑰희견보살喜見菩薩:색色과 색色의 공함空

⑱명상보살明相菩薩:지·수·화·풍의 사대四大와 공대空大

⑲묘의보살妙意菩薩:눈[眼]과 색色

⑳무진의보살無盡意菩薩:보시布施와 일체지一切智로 회향廻向하는 것

㉑심혜보살:공과 무상과 무작
深慧菩薩 空 無相 無作

㉒적근보살:불·법·중(승가)
寂根菩薩 佛 法 衆

㉓심무애보살:몸〔身〕과 몸의 소멸〔身滅〕
心無碍菩薩 신 신멸

㉔상선보살:신·구·의 삼업
上善菩薩 身 口 意

㉕복전보살:복행과 죄행과 부동행
福田菩薩 福行 罪行 不動行

㉖화엄보살:나〔我〕를 좇는 두 법
華嚴菩薩 아

㉗덕장보살:유소득과 무소득
德藏菩薩 有所得 無所得

㉘월상보살:어둠〔暗〕과 밝음〔明〕
月上菩薩 암 명

㉙보인수보살:열반을 좋아함과 세간을 싫어함
寶印手菩薩 涅槃 世間

㉚주정왕보살:정도와 사도
珠頂王菩薩 正道 邪道

㉛요실보살:진실〔實〕과 거짓〔不實〕
樂實菩薩 실 부실

불이不二는 절대평등을 나타내는 말로써, 진여眞如·법성法性·법신法身처럼 현상의 본질과 진실한 모습을 나타내는 단어입니다. 곧 현상적으로 대립하고 있는 둘〔二〕을 발판으로 삼고 그 근원을 꿰뚫어 보아서, 그 둘이 둘이 아님을 깨달아 진리에 도달하는 것입니다.

이 31보살이 설한 둘 또한 대립을 나타내는 명제들로써, 우리가 접하고 있는 현실의 모습들입니다. 나에게 맞고 맞지 않고, 옳고 그르고, 참되고 거짓되고 등등.

우리가 접하게 되는 모든 것은 대립 속에 있습니다. 가장 작은 집단인 가족만 둘러보아도 알 수가 있습니다. 남편과 아내, 부모와 자식, 형과 아우 등의 대립이 금방 발견됩니다.

그럼 이 대립이 나쁘다고 할 것인가?

아닙니다. 이 대립 속에 깨우침이 있고 향상의 길이 있습니다. 그냥 내버려 두면 대립이 끝없이 벌어지지만, 대립을 통일시키고자 노력하고 서로가 둘이 아니라는 불이不二의 원리를 깨닫게 되면 누구나 크게 향상을 할 수 있습니다.

사실 이러한 대립과 갈등의 뒤에는 언제나 통일과 조화가 뒤따릅니다. 두 가지가 서로 반발하고 다투고 있는 밑바닥에는 하나의 통일을 만들어 내고자 하는 움직임이 있기 마련입니다.

따라서 대립이 없는 곳에는 통일도 있을 수 없습니다. 그리고 대립이 있음으로써 진보도 있고 발전도 향상도 기대할 수 있습니다.

이것을 학계에서는 정正·반反·합合의 변증법辨證法으로 많이 설명하고 있습니다.

가령 현재의 것을 정正으로 삼고, 그 정을 상대하여 일어나는 것을 반反으로 봅니다. 이 정과 반은 끊임없이 싸움을 하다가 합의를 보고 새로운 것을 도출해 내는데, 그것이 합合입니다.

결국 이 합合은 정正의 자리를 차지하게 되고, 다시 생겨나는 반反과 다투다가 또 합合을 도출해 냅니다. 이렇게 정正—반反—합合은 끊임없이 이어지는 것입니다.

이러한 정正·반反·합合의 변증법 속에서는 반목과 대립이 언제까지나 끝없이 전개되어 그칠 날이 없게 됩니다. 우리는 잘 알고 있지 않습니까? 정·반·합의 흐름이 우리 중생이 살아온 역사의 모습이라는 것을!

그럼 불교에서는 이러한 대립을 어떻게 다스리고 있는가?

불교에서는 세속적인 흐름인 정正—반反—합合을 따라가면 진정한 평화와 해탈을 이루지 못한다고 하면서, **공空·가假·중中 삼제三諦의 진리를 통한 중도中道의 삶**

을 천명하고 있습니다.

먼저 공空·가假·중中 세 단어를 살펴봅시다.

가假: 상대적인 두 모습을 띤 이 세상은 가假(거짓)의 구조입니다. 진짜가 아니라 가짜입니다. 그러므로 가짜인 둘이 서로 싸운다고 하여 진짜가 나오지도 않고, 진짜의 삶을 살 수도 없습니다. 그럼 어떻게 해야 하는가?

공空: 가假의 본질이 공空(빈 것)임을 알아야 합니다. 서로 반목하고 있는 그 둘은 결코 집착할 것이 없는 공이라는 것을 깨달아야 합니다. 대립된 두 가지가 일시적인 모습이요 가짜라는 것, 그 본질은 공空이라는 것을 체득해 들어가야 합니다. 그렇게 하면 가假를 이해하고 놓아버릴 수 있습니다.

중中: 이렇게 가假에서 공空으로 들어간 다음, 상대적인 둘을 놓아버리고 나올 때, 눈 앞에는 중中의 세계가 펼쳐지고, 그는 곧 중中의 삶을 살 수 있게 됩니다.

이 중제中諦의 삶을 불교에서는 중도中道라고 합니다. 불이不二라고 합니다.

　　가짜(假)를 비워라(空). 그럼 중中의 세계가 된다.
　　저절로 화쟁을 이루고, 중도 · 해탈 · 불이의 세계가
　　펼쳐지게 된다.

　유마경의 입불이법문품이 깨우쳐 주고 있는 것은 이것입니다.

　또 유마경에서는 31보살을 등장시켜서, 둘이나 세 가지로 대립되는 것들을 단순히 나열하는 차원에서 끝내지 않고, 어떻게 할 때 대립되는 개념들이 사라져서 불이의 경지, 중도의 경지에 이르게 되는지를 간략하게 설명하고 있습니다.

　그러나 이 간략한 설명은 결코 쉽지가 않습니다. 하나하나가 깊이 사색하여야 할 만한 소중한 명제들이니만큼, 그냥 지나가지 말고 음미에 음미를 거듭해 보시기를 당부드립니다. 다시 경문으로 돌아갑시다.

31명의 보살들은 제각기 불이법문을 피력하고 나서 문수보살에게 묻는다.

"보살님은 어떻게 불이법문에 들어갑니까?"

"불이법문! 모든 것에 대해 말이 없고, 말할 것이 없고, 보여줄 것이 없고, 식별할 것이 없는 것, 일체의 질문과 대답을 떠나는 것이 불이법문의 들어가는 길이라고 생각합니다."

말이 필요 없다. 말로써는 설명하지 못한다는 것이다. 이어 문수는 조용히 앉아 있는 유마에게 묻는다.

"유마, 우리들은 각기 생각한 바를 말하였네. 이제 거사의 차례네. 어떻게 해야 불이법문에 이를 수 있는가?"

유마힐은 침묵할 뿐 아무 말도 하지 않는다.

유마가 침묵으로 답하자 문수는 크게 감탄을 한다.

"참으로 훌륭하네. 문자와 말과 설명, 그 모두가 없는 것이야말로 참된 불이법문에 들어감이니!"

"개구즉착開口則錯! 입을 열면 벌써 그릇됨[錯]에 떨어진다."

입을 열어 언어로써 본질을 설명하는 것이 어찌 쉽겠습니까? 말을 떠나 있는 진리를 어떻게 설명할 수 있겠습니까? 개구즉착. 그냥 어긋날 뿐입니다.

유마거사! 입을 열면 벌써 불이가 아닌 '둘'의 대립을 야기하고, '불이'를 주장하는 말을 하면 자기모순에 빠지게 된다는 것을 통달하고 있었던 유마거사요, 불이를 설명하는 가장 적절한 언어가 침묵임을 깨닫고 있었던 유마거사였기에, 마지막까지 침묵으로써 그들에게 불이법문을 설한 것입니다.

생활 속에서 소리를 쫓고 말을 내뱉기에 바쁜 우리들. 과연 우리가 말 없는 말, 침묵의 법문을 할 수 있을는지? 침묵의 법문을 들을 줄 아는 귀를 열 수 있을는지?

입불이법문入不二法門속으로 누가 과연 유마의 '말 없는 말'을 듣고 불이법문의 문을 열어서 들어갈 수 있는지….

나무 불가사의해탈법문 유마힐소설경.

제10 향적불품香積佛品
향기로운 나라 향기로운 음식

제10 향적불품香積佛品은 사리불존자가 엽니다.
제9 입불이법문품入不二法門品에서 보살들이 불이법문을 설하여
유마경이 클라이맥스에 올랐을 때, 사리불이 전혀 엉뚱
한 생각을 한 것입니다.

'식사할 때가 되어 가는데 이 많은 보살들이 무엇
을 먹을 건가?'

그의 생각을 알아차린 유마힐이 나무란다.

"부처님께서 설하신 팔해탈八解脫을 전수받아 수행하고
있는 승려가 어찌 '무엇을 먹을까' 하는 잡된 생각을
하면서 법法을 듣고 있는가? 먹고 싶어도 잠깐만 기다
리시오. 일찍이 맛보지 못한 음식을 드리리다."

이렇게 법보다 밥을 앞세우고 있음을 꾸짖은 유마힐은 삼매에 들어, 위쪽으로 42항하사 불국토를 지난 곳에 있는 중향국이라는 향적불의 불국토를 대중들에게 보여준다.

그곳에는 중생도 성문도 벽지불도 없다. 오직 청정한 대보살들만이 있다.

대우주법계에서 향기가 가장 뛰어난 그 나라는 집과 누각을 온통 향으로 지었고, 숲과 동산도 향기로 가득 찼으며, 음식의 향기는 시방의 한량없는 세계까지 퍼져 나간다.

그때 향적불은 보살들과 함께 앉아 식사를 하고 계신다. 하나같이 향엄이라는 이름을 가진 수많은 천자들이 아뇩다라삼먁삼보리심을 내어 부처님과 보살들에게 공양을 올린 것이다.

유마힐의 신통력으로 그 광경을 사바세계의 대중 모두가 보게 된다.

"그대들 중에 누가 중향국으로 가서 저 향적불의

음식을 가져오시려오?"

유마힐의 질문에 모두가 잠자코 있자, 유마는 보살의 우두머리인 문수보살에게 툭 던진다.

"문수여, 이러한 대중이 부끄럽지 않은가?"

그러자 문수보살이 뼈 있는 답변을 한다.

"부처님께서 말씀하셨네. '아직 공부가 덜된 사람을 가벼이 여기면 안 된다〔勿輕未學〕'고."

이에 유마는 대중들 앞에서 한 사람의 화신보살(化身菩薩)을 만들어 낸다. 잘 생기고 덕망과 넘치는 기품은 그 모임의 어느 누구도 따르지 못할 정도이다.

유마는 화신보살에게 지시를 한다.

"지금 중향국으로 가서 보살들과 함께 앉아 음식을 들고 계시는 향적여래께 '유마힐이 세존의 발밑에 머리를 조아려 한없는 존경심으로 예배를 드린다'는 내 인사말을 전하여라. 그리고 '잡수시고 남은 음식을 얻어다가, 사바세계에다 불사(佛事)를 베풀어서, 작은 법을 좋아하는 사람들에게 널리 대도(大道)를 얻게 하고, 여래의 명성을 두루 들을 수 있게 하고자 한다'고 아뢰어라."

　화신보살은 대중들 모두가 지켜보는 가운데 위쪽
으로 올라가서, 향기로 가득 채워진 중향세계의 향적
불께 유마가 시키는 대로 인사를 하고, 오게 된 까닭
을 전한다.
　그때 중향국의 보살들은 이 화신보살이 어디에서
왔고, 사바세계는 어디에 있으며, 어떤 이가 작은 법
을 좋아하는 자인지를 부처님께 여쭌다.

　"저 아래쪽으로 42항하사 불국토를 지난 곳에 있
는 세계의 이름이 사바세계요, 그곳의 부처님은 석가
모니로, 현재 탁하고 악한 세상에서 작은 법을 좋아
하는 중생들을 위해 올바른 길을 가르치고 계신다.
　그리고 그곳에 있는 유마라는 보살이 불가사의한
해탈에 머물러 있으면서 보살들을 위해 법을 설하고
있는데, 그의 힘은 매우 커서 시방의 모든 곳에 화신
보살을 보내어 불사를 베풀고 중생들에게 큰 이익을
주고 있노라."

이렇게 유마의 법력을 알려 준 향적불께서는 향내 그윽한 바루에 향기로운 밥을 가득 채워 화신보살에게 준다. 이때 9백만 명의 보살이 함께 아뢴다.

"저희도 사바세계에 가서 석가모니불께 공양을 올리고, 유마힐 등의 보살들을 뵙고자 합니다."

"그래, 가거라. 하지만 먼저 너희 몸에서 나는 향기를 거두어라. 그곳 중생들이 향기에 혹하거나 애착하는 마음이 생기지 않도록.

또 너희의 본래 모습을 버려서 아직 보살이 되지 못한 그 나라의 사람들로 하여금 부끄러운 생각을 품지 않게 하여라."

이렇게 향적불이 당부를 하자, 9백만의 보살과 화신보살은 중향세계에서 홀연히 몸을 감추더니 순식간에 유마힐의 집에 도착을 한다.

향기! 우리는 향기로 가득한 중향국과 향적불의 '향기[香]'라는 표현에 대해 다시 새겨볼 필요가 있습니다.

좋은 냄새인 향기. 이 향기는 향만이 아니라 매우 다양한 곳에서 번져 나옵니다. 꽃·나무·숲·계곡·바다

등을 비롯하여, 말에서도 향기가 나오고 행동이나 생각에서도 향기가 나옵니다.

보통의 향기는 코를 즐겁게 하지만, 우리의 생각과 말과 행동에서 배어 나오는 향기는 다른 이들을 기쁘게 만들고 행복하게 만듭니다. 그 향기는 이 세상을 밝고 아름답게 만듭니다.

또 우리가 믿는 불보살님은 생각과 말과 행동이 온통 향기로운 분입니다. 그 향기로써 중생을 맑히고 깨어나게 합니다.

그럼 지금의 우리는 어느 정도의 향기를 바라는 존재인가? 그것을 우리는 유마경의 향기 이야기를 통하여 조명해 보아야 합니다. 이것을 스스로 점검하여 향상의 계기로 삼아야 합니다.

마침내 화신보살이 향기로운 밥이 가득 찬 바루를 유마거사에게 바쳤을 때, 그 밥의 향기는 비야리성과 삼천대천세계로 퍼져 나갔다.

이 향기를 맡은 비야리성의 바라문과 거사 등은 몸과 마음이 상쾌하여져서 일찍이 없었던 일이라며 찬탄하였고, 장자의 우두머리인 월개^{月蓋}는 8만 4천 명을 이끌고 유마힐의 집으로 찾아왔으며, 지신·허공신들과 욕계·색계의 천인들은 이 향기를 좇아 유마의 집으로 모여들었다.

그때 유마힐이 사리불을 비롯한 성문^{聲聞} 제자들에게 권한다.

"스님들, 감로미^{甘露味}인 여래의 밥을 드십시오. 대비^{大悲}의 향기가 스며 있지만, 좋지 않은 생각을 품고 먹으면 소화가 되지 않습니다."

'소화가 되지 않는다?'

그때 성문 한 사람이 의문을 일으킨다.

"밥의 양이 이렇게 적은데 어떻게 이 많은 대중이 먹는단 말인가?"

화신보살이 답을 한다.

"성문의 작은 덕과 작은 지혜로 여래의 무량한 복덕과 지혜를 측량하지 마시오. 사해^{四海}의 바닷물이 마를지언정 이 밥은 무궁무진합니다. 모든 사람이 다 먹고도 남음이 있습니다. 수미산만 한 크기의 존재가 1

겁劫 동안을 먹을지라도 다하지 않습니다.

그 까닭이 무엇인가? 다함이 없는 계戒와 정定과 지혜智慧와 해탈解脫과 해탈지견解脫知見의 공덕을 모두 갖춘 이가 잡수시던 것이기 때문에 끝내 다하지 않습니다."

과연 대중들은 배가 부르게 먹을 수 있었다. 그런데도 바루에는 여전히 밥이 그대로 남아 있다. 그리고 보살·성문·천인 할 것 없이 이 밥을 먹은 모든 이들은 몸의 쾌락하기가 일체락장엄국一切樂莊嚴國(모든 즐거움이 갖추어진 나라)에서 온 보살들과 같았다.

또 온몸의 털구멍에서 풍겨 나오는 미묘한 향기는 중향국토의 나무들에서 풍겨 나오는 향기와 다르지 않았다.

먹어도 먹어도 줄어들지 않는 향기로운 밥[香飯향반]!

모든 이들의 몸과 마음을 쾌락하게 만드는 공양!

아, 계·정·혜·해탈·해탈지견의 오분향五分香 공덕으로 이루어진 이 향기로운 밥을 공양하는 환희로움을 어찌 다 표현하리?

이들 하나하나에는 상징성이 간직되어 있지만, 굳이 설명을 하면 도리어 어긋날 뿐이니, 다시 유마경 속으로 젖어 들어가렵니다.

그때 유마거사가 중향국의 보살들에게 묻는다.
"향적여래께서는 어떻게 설법을 하십니까?"
"향적불께서는 문자로 설법을 하지 않습니다. 다만 여러 가지 향기로써 천인들로 하여금 율행(律行)에 들게 합니다. 보살들은 각각 향기를 뿜어내는 나무 아래에 앉아 그 묘한 향기를 맡으면 일체덕장삼매(一切德藏三昧)(일체의 덕을 다 갖춘 선정)를 얻게 되는데, 이 삼매를 얻으면 보살이 지녀야 할 공덕들을 모두 갖추게 됩니다."

이제 중향국 보살들의 차례다.
"이곳의 석가모니께서는 어떻게 설법하십니까?"
유마가 답한다.
"이 땅의 중생들은 거칠고 고집이 세어서 교화하기가 어렵기 때문에 부처님께서도 거칠고 강한 어조로 이 중생들을 제도합니다.

'①이곳은 지옥이요 이곳은 축생도요 이곳은 아귀도요

③이것은 몸으로 짓는 삿된 행이요 이것은 그 삿된

　행의 과보이며

⑥이것은 살생^{殺 生}이요 이것은 살생의 과보이며

⑬이것은 탐욕과 질투요 이것은 탐욕과 질투의 과보

　이며

㉑이것은 어리석음이요 이것은 어리석음의 과보이다

㉓이것은 마땅히 해야 할 일이요 이것은 해서는 안

　되는 일이며

㉚이것은 세간^{世 間}이요 이것은 열반^{涅 槃}이다'

　라고 설하십니다."

이렇게 유마거사는 부처님께서 설하시는 30가지 강한 설법의 예를 든 다음, 사바세계 중생을 교화하는 특별한 방법이 무엇인지를 일러줍니다.

"교화하기 어려운 사람들의 마음은 마치 원숭이들과 같아서, 여러 가지 법으로 그 마음을 제어한 다음에야 교화할 수 있습니다.

비유컨대 코끼리나 말처럼 사납고 다루기 힘든 동물은 채찍질을 하여, 아픔이 뼛속까지 사무치게 하여야 비로소 길이 드는 것과 같습니다.

이와 같이 거칠고 고집이 센 중생에게는 호되고 매운 말을 해주어야 율의律儀(바른 계율과 올바른 행을 갖춘 법) 속으로 들어올 수 있습니다."

중향국의 보살들은 이 말을 듣고 동시에 말한다.

"참으로 드문 일입니다. 석가모니 세존께서는 가지고 계신 무량하고 자재한 힘을 감추시고, 가난한 이들이 좋아하는 법으로 중생 제도를 하여 해탈하게 하십니다. 또 이곳의 보살들은 겸손하게 자신을 낮추고 무량한 대비로써 이 사바세계에 태어나서 교화를 합니다."

그러자 유마거사가 참으로 중요한 말을 한다.

"이 사바의 보살이 중생을 어여삐 여기는 대비심의 견고함은 진실로 그대들이 말한 바와 같으며, 그 보살들이 일생 동안 중생을 이익되게 하는 것은 중향국 보살들이 백천 겁 동안 하는 것보다 더 많습니다."

우리가 살고 있는 사바세계의 보살이 쌓는 복덕. 그 것은 중향국이나 다른 불국토의 보살들이 쌓는 복덕보 다 백천만 배가 더 크다는 깨우침입니다.

그 까닭이 무엇인가? 사바세계의 중생이 거칠고 고집 이 세어서 교화하기 어렵기 때문입니다.

그렇지만 거칠고 고집 센 중생을 끊임없이 포교하고 교화하면 그 복덕이 무궁무진하게 쌓인다는 말씀입니 다. 이것을 우리는 꼭 기억해야 합니다.

이어서 유마거사는 교화를 해야 할 중생이 없는 중향 국의 보살들에게, 이 사바세계에는 중생을 섭수하는 열 가지 선법이 있음을 일러 줍니다.

"무엇이 열 가지 좋은 법인가?
① 보시(布施)로써 가난한 이들을 섭수(攝受)하고
② 정계(淨戒)로써 부도덕한 이들을 섭수하고
③ 인욕(忍辱)으로 성내는 이들을 섭수하고
④ 정진(精進)으로 게으른 이들을 섭수하고
⑤ 선정(禪定)으로 마음 산란한 이들을 섭수하고

⑥지혜(智慧)로 어리석은 이들을 섭수합니다.

⑦난(難)을 벗어나는 법을 가르쳐서 팔난(八難) 속에 있는 이들

을 제도하고

⑧대승법(大乘法)으로 소승법을 좋아하는 이들을 제도하고

⑨갖가지 선근(善根)으로 덕이 없는 이들을 제도하고

⑩항상 사섭법(四攝法)으로 중생들을 성취시킵니다.”

중향국에는 보살들만 있기 때문에 교화할 중생도 없고 도 닦기에 어려움이 없습니다. 그래서 중향국의 보살들은 유마거사가 설한 이 섭수법문(攝受法門)을 듣고 궁금증이 생깁니다.

거칠고 고집 센 중생을 교화하되, 조금도 상처를 받지 않고 해탈을 이룰 수 있는 비법이 무엇인가가 궁금해진 것입니다. 그래서 유마거사에게 묻습니다.

“이 세계의 보살들은 어떠한 법을 성취하여야 상처를 입지 않고 정토에 태어날 수 있습니까?”

“보살이 여덟 가지 법(八法)을 성취하면 이 세계에서 상처를 입지 않고 정토에 태어날 수 있습니다.

①중생을 이익되게 하되 보답을 바라지 않고

②지은 바 공덕을 다시 중생들에게 베풀어 주고

③중생들에게 평등한 마음으로 걸림 없이 대하고

④다른 보살들을 부처님처럼 보고

⑤아직 듣지 못한 경을 듣되 의심하지 않고

⑥질투를 하지도 교만해지지도 않고

⑦일을 겪으면서 남을 탓하지 않으며

⑧언제나 일심으로 모든 공덕을 구한다."

유마거사가 대중들에게 이상과 같은 법을 설하자, 백천의 천인들은 아뇩다라삼먁삼보리심을 발하고, 십천의 보살들은 무생법인을 얻는다.

이처럼 향적불품 속에는 구구절절 간절하고 특별한 법문과 깨달음의 열쇠들이 숨겨져 있습니다. 부디 이 향적불품을 무심히 넘기지 말고, 처음부터 끝까지 읽고 또 읽어서 향기 가득한 깨달음을 이루시기를 두손 모아 청하여 봅니다.

나무 불가사의해탈법문 유마힐소설경.

제11 보살행품菩薩行品
보살의 길

유마경 제10품까지는 부처님이 표면에 나타나지 않습니다. 유마거사가 병에 걸리자 제자들에게 병문안을 권유하신 것이 전부입니다.

그런데 제11 보살행품菩薩行品에 이르면, 무대가 유마힐의 집에서 부처님이 설법하고 계신 암라수 동산으로 옮아가면서, 부처님께서 중심 자리를 차지합니다.

암라수 동산은 기녀 암라파알리가 부처님께 보시한 절로, 북인도 바이샬리에 지금도 그 터가 보전되어 있습니다.

이제 경문 속으로 들어가 봅시다.

1) 부처님이 계신 곳으로

부처님께서 암라수 동산에서 설법을 하고 있는데, 갑자기 땅이 넓어지면서 주변은 장엄해지고, 법회에 참여한 대중은 모두가 황금빛을 발한다. 그러자 크게 놀란 아난이 부처님께 그 까닭을 여쭙는다.

"세존이시여, 무슨 인연으로 이와 같은 상서가 생겨난 것입니까?"

"대중들의 공경(恭敬)을 받고 있는 유마힐과 문수사리가 이곳으로 오려 하기 때문에 이러한 상서가 먼저 생긴 것이니라."

과연 조금 지나자 신통력으로 대중들과 사자좌 모두를 오른쪽 손바닥 위에 올려놓은 유마힐이 부처님 계신 곳으로 와서 대중과 사자좌를 땅에 내려놓는다.

그리고는 유마힐을 비롯한 대중들이 보살·대제자·천신 등의 순서로 부처님 발에 이마를 대어 절하고, 부처님 주위를 오른쪽으로 일곱 번을 돈 다음, 일심으로 합장을 하고 한쪽 옆에 가서 선다. 그러자 세존께서 법대로 모든 보살들을 위로하고 자리로 돌아가 앉게 하신다.

　그때 아난이 부처님께 여쭙는다.
　"세존이시여, 일찍이 지금 코에 와 닿는 것과 같은 향기는 맡아 보지 못했습니다. 도대체 무슨 향기입니까?"
　"이 향기는 유마힐이 화인(化人)을 만들어 중향국의 향적 여래께서 드시다 남은 밥을 가져오게 하였는데, 그 밥을 먹은 사람들의 털구멍에서 나오는 향기다."
　신기하게 여긴 아난이 유마힐에게 묻는다.
　"이 향기는 얼마나 오랫동안 머물러 있습니까?"
　"이 밥이 다 소화될 때까지!"
　"얼마나 지나야 다 소화가 됩니까?"
　"이 밥의 기운은 보통 7일 동안 계속되지요."

　그리고는 수행의 경지가 한 단계 업그레이드된 다음에 그 향기가 사라진다고 하면서, 다섯 가지 경우를 예로 들어 설명합니다.

"①정위(바르게 수행할 수 있는 자리)에 들어서지 못한 성
　문은 정위에 들어선 뒤에 향반의 기운이 사라지고
②이미 정위에 들어선 이는 마음의 해탈을 얻은 뒤에
　사라지며
③대승을 믿지 않은 이는 대승에 뜻을 발한 뒤에
④대승에 뜻을 발한 이는 무생법인을 얻은 다음에
⑤무생법인을 얻은 이는 일생보처(다음 생에 부처가 되
　는 경지)에 이르면 향반의 기운이 사라집니다.
　마치 상미라는 약을 먹으면 몸의 독이 다 사라진
연후에야 약의 기운이 사라지듯이, 이 밥도 번뇌의
독을 없애고 난 연후에야 그 기운이 사라집니다."

　유마힐은 부처님이 될 때까지의 중간 단계를 크게 다
섯으로 나누고, 한 단계의 경지를 향상하여야만 향반의
향기가 사라진다고 한 것입니다.
　그럼 어찌하여 이와 같은 일이 가능한 것인가? 바로
이것이 부처님의 불사佛事이기 때문에 가능하다는 것입
니다.

2)불사佛事와 마魔

불사佛事가 무엇입니까? 그냥 절을 짓거나 불교와 관련된 일을 하는 것입니까? 아닙니다. 불사는 부처님의 일입니다. 곧 중생을 부처로 만들어 가는 모든 행위를 불사라고 하는 것입니다.

향반을 먹음으로써 빨리 부처가 되는 불사를 지을 수 있다는 유마힐의 설명을 들은 아난은 찬탄을 합니다. 그러자 석가모니는 부처님들이 중생을 교화하기 위해서 행하는 불사에 대해 일러주십니다.

"정말 드문 일입니다, 세존이시여. 향반이 능히 큰 불사를 짓고 있으니!"

"그러하다 아난아! 어떤 불국토에서는

①부처님의 광명으로 불사를 짓고

②보살들로써 불사를 짓고

③화인(부처님이 만든 꼭두각시)으로써 불사를 짓고

④보리수로써 불사를 짓고

⑤부처님의 의복과 와구로써 불사를 짓고

⑥음식으로써 불사를 짓고

⑦원림(수행처)과 대관(높고 큰 전각)
園林　　　　　　臺觀

⑧삼십이상 팔십종호
三十二相 八十種好

⑨부처님의 몸〔佛身〕
불신

⑩허공으로써 불사를 짓노라."

그리고 몇 가지를 더 설하신 다음 불사에 대해 결론
을 맺습니다.

　"이와 같이 아난아, 부처님들의 모습과 생활, 나아
가고 멈추고 베푸는 행동들 모두는 불사가 아님이 없
느니라.
　아난아, 이 사바세계에는 사마(음마·번뇌마·사마·
四魔
천마)가 일으키는 8만4천 가지 번뇌문이 있기 때문에
煩惱門
중생들이 피곤함을 느끼지만, 부처님들은 이 법으로
써 불사를 짓나니, 이를 일러 입일체제불법문이라고
入一切諸佛法門
하노라."

부처님의 이 말씀은 중생의 번뇌가 바로 불사의 근거

요, 우리가 살고 있는 사바세계의 중생이 불사의 중심에 있음을 일깨워 주고 있습니다.

따라서 중생에게 일어나는 마魔는 기피해야 할 대상이 아닙니다. 이 마야말로 부처를 이룰 수 있게 하는 디딤돌입니다.

이제 신라의 원효대사가 팔만사천번뇌를 일으키는 4마四魔를 죽음과 연결시켜서 설명한 『금강삼매경론金剛三昧經論』의 내용을 잠깐 소개합니다.

첫째는 음마陰魔로, 신마身魔·오온마五蘊魔라고도 합니다. 색·수·상·행·식의 오음五陰(=오온), 곧 인간의 육체와 정신 자체를 마라고 보았습니다. '나'의 육체와 정신(생각)을 중심에 두고 나에 대한 집착을 강하게 일으켜서 사랑과 미움의 기운을 내뿜기 때문에, 스스로를 힘들게 만들 뿐 아니라 생명까지 잃게 된다는 것입니다.

둘째는 번뇌마煩惱魔로, 욕마欲魔라고도 합니다. 인간의 의식 위에서 빚어지고 있는 갖가지 욕심과 번뇌들. 그 욕심과 번뇌가 없다면 인간의 몸과 마음이 크게 괴

롭지도 피곤하지도 않을 것이며, 생명을 헛되이 잃는 일이 없을 것이라 하였습니다.

셋째는 사마死魔입니다. 인간이 살아있다는 것은 몸과 의식의 각 기관이 계속해서 활동하는 데 있지만, 예기치 않은 기관의 멈춤과 의식의 단절은 인간을 죽음으로 몰아넣습니다. 어느 누구도 원하지 않지만 피할 수가 없는 이 내객을 사마라고 한 것입니다.

넷째는 천마天魔로, 천자마天子魔라고도 합니다. 앞의 셋이 인간 각자에게 내재하고 있는 내면의 마라고 한다면, 이 마는 밖으로부터 오는 외마外魔입니다. 천상계에 있는 마왕과 그 수하들은 도를 닦는 이들이 향상하고 훌륭하게 되는 것을 시기하여, 갖가지 일을 꾸며서 해탈하지 못하게 방해를 합니다.

이 천마는 무서운 모습을 하고 밤에 찾아와서 수행하는 사람에게 공포를 주거나, 미묘한 욕심을 충동질하고 유혹하여, 수행하는 사람으로 하여금 그릇된 길에 빠져서 헤어나지 못하게 만들어 버린다고 합니다.

마魔! 그러나 걱정할 것이 무엇입니까? 우리에게는 우리를 부처로 만들고자 언제나 불사佛事를 행하고 계신 부처님이 계시거늘!

하여 부처님께서는 이 보살행품의 후반부에서 정사보살의 길을 힘주어 설하십니다.

3) 정사보살正士菩薩의 길

"각종 마魔를 극복하여 모든 부처님들의 법문法門 속으로 들어간 보살들은

①매우 청정하고 좋은 불국토를 보아도 기뻐하거나 탐하거나 교만해지지 않고

②부정한不淨 불국토를 보아도 걱정을 하거나 마음에 걸리거나 의기소침하는 일이 없노라.

③오로지 모든 부처님에 대해 청정심을 일으키고 환희공경할 뿐이다."

보살은 청정과 부정, 기쁨과 슬픔, 탐욕과 무소유, 교

만스러움과 의기소침함을 모두 떠납니다.

그럼 어떠한 마음으로 불법 속에서 살아가는가? 오로지 청정심과 환희심과 공경으로 일관할 뿐입니다.

이어 부처님께서는 근기에 따른 부처님의 교화 방법을 일러주십니다.

"모든 부처님의 공덕은 평등하다. 그런데 근기가 다른 중생들을 교화하기 위해서 불국토를 다르게 나타내어 보여줄 뿐이다.

아난아, 네가 보는 불국토들은 분명히 서로 다른 차이가 있지만, 그 불국토를 감싸고 있는 허공이야 어찌 차이가 있겠느냐?

그리고 부처님들의 색신色身에는 다소의 차이가 있지만, 부처님들의 무애한 지혜야 어찌 차이가 있겠느냐?"

이 말씀에 이어 석가모니께서는 모든 부처님의 평등한 공덕, 부처님의 아뇩다라삼먁삼보리가 한량이 없고 지혜와 변재가 불가사의하다는 것을 일러 주시고, 성문과 보살의 차이에 대해서도 아난에게 설명을 해 줍니다.

그러자 부처님의 제자 중에서 많이 듣기로 으뜸가는 다문제일多聞第一 아난이 부처님께 아룁니다.

"이제부터는 저 스스로를 '다문多聞'이라 하지 않겠나이다."

아난의 말을 들은 부처님께서 꾸짖는다.

"그렇게 물러나겠다는 생각을 일으키지 말아라. 무슨 까닭인가? 내가 너를 성문들 가운데에서 다문제일多聞第一이라 한 것이지, 보살들까지 다 포함하여 다문제일이라 한 것이 아니었기 때문이다.

아서라, 아난아. 지혜 있는 사람은 보살의 능력을 함부로 헤아리지 않는다. 모든 바다의 깊이는 측량할지라도, 보살의 선정과 지혜와 총지總持(기억력)와 변재辯才(말솜씨)와 일체 공덕은 가히 측량할 수가 없다.

아난아, 대보살이나 유마힐이 한 번에 나타내는 신통력을, 너희 모든 성문과 벽지불이 백천 겁 동안 힘을 다할지라도 그것을 변화시킬 수는 결코 없다."

이렇게 부처님께서는 보살과 성문·벽지불의 능력 차

이에 대해 분명하게 설합니다.

그때 오로지 보살들만이 살고 있는 중향세계에서 온 보살들이 합장을 하고 부처님께 아룁니다.

"세존이시여, 저희(보살)들은 처음 사바세계를 보았을 때 이 세계에 대해 보잘것없다는 생각을 하였는데, 지금은 자책하고 뉘우치면서 그와 같은 생각을 버렸나이다.

왜냐하면 부처님께서는 중생을 제도하기 위해 불가사의한 방편으로 그들에게 맞는 갖가지 불국토를 나타낸다는 것을 알았기 때문입니다.

바라옵건대 세존이시여. 저희(보살)들에게 조그마한 가르침을 내려 주시어, 저희 나라로 돌아가서도 석가모니불을 항상 기억할 수 있게 하소서."

부처님께서 보살들에게 이르셨다.

"다함[盡]과 다함이 없는[無盡] 해탈법문이 있나니 그대 보살들은 배워야 한다.

무엇이 다함이 있는 법인가? 유위법有爲法(인연 화합으로

만들어진 것. 곧 세간법)이 그것이요,

무엇이 다함없는 법인가? 무위법無爲法(인연에 의해 만들어진 것이 아닌 함이 없는 법. 곧 열반법)이 그것이다.

그러나 보살은 유위법을 없애려 하지도 않고 무위법에만 머물고자 하지도 않느니라."

소승의 성문이나 벽지불은 세속의 무상無常하고 괴롭고〔苦〕 무아無我인 각종 인연법(유위법)들을 무시하고 기피합니다. 그리고 영원불변의 열반법(무위법)만을 목표로 삼아 열반의 경지를 향해 열심히 나아갑니다.

하지만 보살은 다릅니다. 인연법을 없애려 하지 않을 뿐 아니라 인연법을 기꺼이 따릅니다. 동시에 보살들은 영원불변의 열반법에 머물고자 하지도 않습니다.

그럼 어떻게 하는 것이 이 세상의 인연법인 유위법을 없애려 하지 않는 것인가?

①대자대비大慈大悲의 마음을 떠나거나 버리지 않는다.

②대지혜를 얻겠다는 마음을 끝까지 잊지 않는다.

③중생을 교화하되 싫증을 내거나 게을리하지 않는다.

④보시·애어·이행·동사의 사섭법을 늘 잊지 않고 실
布施 愛語 利行 同事　四攝法
천한다.

⑤정법을 지킴에 있어서는 목숨도 아끼지 않는다.
正法

⑥선근을 심는 일에 피로함이나 싫증을 내지 않는다.
善根

⑦항상 뜻을 자리이타를 위한 방편과 회향에 둔다.
自利利他　　　　方便　廻向

부처님께서는 보살들이 인연법의 이 세상에서 위와
같은 보살행 46가지를 실천하여, 하화중생下化衆生하고
상구보리上求菩提를 하며 살아가고 있음을 일러주십니
다.

이들을 다 열거하지는 못하지만, 유마경을 통하여 하
나하나를 곱씹으며 공부를 해 보십시오. 참으로 보살행
의 깊은 맛을 느낄 수 있습니다.

이어 영원불변의 열반법인 '무위법에만 머무르지 않는
〔不住無爲〕' 방법에 대해서는 총 15가지를 일러주십니다.
부주무위

①보살은 공과 무상을 배우고 닦으면서도 공과 무상
空　無相

을 증득해야 할 것으로 삼지 않는다.

④무상함을 관하면서도 선의 뿌리를 계속 길러간다.
無常　　　　　善

⑤세간이 고^苦임을 관하면서도 생사를 싫어하지 않는다.

⑥무^{無我}아를 관하면서도 사람들을 저버리지 않는다.

⑦적^{寂滅}멸(열반)을 관하면서도 그 적멸 속으로 들어가고

자 하지 않는다.

⑬공^空이요 무^無임을 관하면서도 대비심을 버리지 않는다.

그리고 마지막으로 보살이 무위법(열반법)에 머물고자 하지 않는 까닭과 유위법(세속법)을 파괴하지 않는 까닭 8가지를 설하십니다. 이를 무위법과 유위법 두 가지로 나누어 정리합니다.

"보살은 왜 무위법에 머무르지 않는가?

①복^{福德}덕을 갖추었기 때문에

③대^{大慈大悲}자대비하기 때문에

⑤법^{法藥}약을 모으기 때문에

⑦중생의 병^病을 알기 때문에

무위법에 머무르지 않는다.

보살은 왜 유위법을 파괴하지 않는가?

②지혜(智慧)를 갖추었기 때문에

④본원(本願)에 만족하기 때문에

⑥법약(法藥)을 나누어주기 때문에

⑧중생의 병(病)을 없애 주기 때문에

유위법을 파괴하지 않는다.

올바른 보살〔正士菩薩(정사보살)〕들은 이러한 법을 실천함으로써 유위법을 파괴하지도 않고 무위법에 머무르지도 않나니, 이 법을 일러 진·무진해탈법문(盡·無盡解脫法門)이라고 이름하노라.

너희는 마땅히 이 법을 배울지어다."

우리는 이 '진·무진해탈법문(盡·無盡解脫法門)'에서 한 가지 단어에 주목을 해야 합니다. 그것은 '정사보살正士菩薩(올바른 보살)'입니다. 유위법을 파괴하지도 않고 무위법에 머물지도 않는 이를 일반 보살과 구분하여 부처님께서 '정사보살'이라고 표현한 것입니다.

더 쉽게 이야기하면 중생을 교화하고 사회봉사를 하면서 수행하는 이가 바로 정사보살입니다.

중향국에서 온 보살들은 어떠한 보살일까요? 일반 보살입니다. 그들은 중생을 돌아보는 일은 하지 않고, 부처님의 경지만을 추구하면서 살아가는 존재들입니다.

극락의 보살도 마찬가지입니다.

그러나 우리가 살고 있는 이 사바세계의 보살들은 다릅니다. 사바의 정사보살들은 유위(세속법) 속에서 집착을 버린 무위(열반법)의 삶을 살아갑니다.

그럼 이러한 정사보살의 삶 밑바닥에 흐르고 있는 것은 무엇인가?

자비심입니다. 광대무변한 자비심입니다. 베푼다거나, 도와준다는 생각 없이 누구든지 한 몸처럼 감싸 주고자 하는 동체대비심同體大悲心입니다.

그렇다고 하여 금빛 찬란한 모습이나 신통력으로 무장을 하고 있지 않습니다. 정사보살은 그저 무덤덤한 표정과 평범한 삶을 보일 따름입니다. 그래서 겉으로 보기에는 이 정사보살 또한 생사윤회의 세계 속에 있는 듯이 보입니다.

하지만 정사보살은 생사윤회를 두려워하지 않습니

다. 그리고 온갖 명예나 욕구를 추구하지도 않고, 명예와 욕구를 충족하였다며 기뻐하거나, 명예와 욕구 때문에 근심하는 일이 없습니다.

실로 정사보살은 죽음에 대한 두려움이 없습니다. 모두의 삶과 생존하는 모든 것이 생명의 기운으로 살아가고 있으며, 죽음조차도 생명의 기운으로 죽는다는 것을 알고 있기 때문입니다.

또 한 가지 새길 점이 있습니다. 그것은 '중생의 힘이 무섭다'는 것입니다. 중생이 아무것도 아닌 것 같지만, 나와 남이 함께 행복해지기를 바라는 염원들이 모이면 이 세계가(이 자리가) 바로 불국토가 된다는 것입니다.

나 하나의 힘으로 무엇이 되겠느냐 싶지만, 중생인 '나' 하나의 힘들이 모이면 세상을 바꿉니다. 이 더러움과 모순이 가득한 예토穢土(이 세상)를 불국정토로 바꿀 수가 있습니다.

보살은 이것을 확신하기 때문에 정성을 다해 중생을 교화하고 깨우칩니다. '중생인 너희에게 큰 힘이 있다'는 것을! '틀림없이 모두가 이익되는 삶을 성취할 수 있다'는 것을!

중생을 이와 같이 교화하고 바꾸어 놓는 것. 이것이 '정사보살'의 존재 이유요 가치인 것입니다.

이를 명심하면서 우리도 보살이 되어 자리이타의 보살도를 힘차게 걸어가야 하지 않겠습니까!

이제 중향국 보살들은 이 사바세계를 떠나 그들의 불국토로 돌아갑니다.

석가모니불의 법문을 듣고 크게 환희심이 가득해진 중향국 보살들은 아름다운 빛깔과 향기가 있는 갖가지 꽃들을 삼천대천세계에 두루 뿌려 부처님과 이 경법(經法)(유마경)과 보살들에게 공양을 한 다음, 부처님 발에 머리 숙여 예배하고 '일찍이 듣지 못한 바'라며 찬탄을 한다.

"석가모니불께서 참으로 훌륭한 선행방편을 보여 주셨도다."

말을 마친 중향국 보살들은 홀연히 사라져 그들의 나라로 되돌아간다.

이것으로 보살행품은 끝을 맺습니다.

과연 석가모니불께서 보여주신 선행방편은 어떠한 것
인가?

참다운 불사佛事, 성문과는 전혀 다른 진정한 정사보
살의 법, 세간을 뛰어넘는 진정한 출세간법, 중생과 번
뇌를 버리지 않는 참다운 열반법 등에 대해 소상하게
일러주고 있는 보살행품의 내용을 면밀히 살펴, 이 사
바세계에서 정사보살의 멋진 삶을 이루시기를 두손 모
아 간곡히 청하여 봅니다.

나무 불가사의해탈법문 유마힐소설경.

제12 견아촉불품見阿閦佛品
여래를 바르게 관하는 법

유마경 총 14품 중 제12 견아촉불품見阿閦佛品은 '아촉불을 친견하는' 내용을 담고 있는 품입니다.

'아촉'은 범어 아추바Akṣobhya를 음역한 것인데, 뜻으로 번역을 하면 '부동不動·무동無動'이 됩니다. 곧 아촉불은 '움직이지 않는 부처님, 움직임이 없는 부처님'이라는 뜻입니다.

불가에서는 유마거사를 동방 아촉불의 화신이라고 하는데, 견아촉불품을 달리 풀이하면 '유마거사를 바르게 보는 법을 밝힌 품'이라 해도 될 것입니다.

이 품은 유마힐에게 묻는 석가모니불의 질문으로 시작됩니다.

"어떻게 하면 부처를 관觀할 수 있느냐?"

"제 몸의 실상實相을 관찰하듯이 부처님을 관합니다."

이렇게 답을 한 유마거사는 무려 54가지의 관觀을 열거합니다. 유마경 전체에서 하나의 주제를 놓고 열거한 내용이 54가지에까지 이르는 것은 여기밖에 없습니다. 곧 부처를 관하는 법을 어떠한 주제보다 중요하게 여기고 자세하게 설하고 있다는 것을 나타내고 있습니다.

이 54가지 중 몇 가지만 소개하겠습니다.

① 여래는 과거에서 온 것도 아니요 미래로 가는 것도 아니며 현재에 머물지도 않음을 관합니다〔我觀如來
前際不來 後際不去 今則不住〕.

② 여래를 색으로도 보지 않고 색과 다르지 않은 것으로도 보지 않으며 색의 본성이라고도 관하지 않습니다〔不觀色 不觀色如 不觀色性〕.

⑩ 여래는 하나의 모습도 아니요 다양한 모습도 아니며〔不一相不異相〕

⑱여래는 어둠도 없고 밝음도 없으며〔無晦無明〕

⑲이름도 없고 형상도 없으며〔無名無相〕

⑳강함도 없고 약함도 없으며〔無强無弱〕

㉑깨끗함도 아니요 더러움도 아니며〔非淨非穢〕

㉟복전도 아니요 복전 아님도 아니며〔非福田 非不福田〕

㊱마땅히 공양할 이도 아니요 공양받지 못할 이도 아니며〔非應供養 非不應供養〕

㊳상이 있는 것도 아니요 상이 없는 것도 아닙니다〔非有相 非無相〕.

㊼여래는 일체의 언설로써 분별하거나 나타내어 보일 수 없습니다〔不可 以一切言說分別 顯示〕.

세존이시여, 여래의 몸은 이러하오며 이와 같이 관하여야 합니다. 이렇게 관하면 정관이라 하고, 이렇게 관하지 않으면 사관이라고 합니다."

금강경의 핵심 내용을 확장시켜 놓은 듯한 이 부분을 면밀히 살펴보면 정관正觀과 사관邪觀의 차이를 명확히 알 수가 있는데, 모든 집착을 떨쳐 버리고 정관을 하게 되면 진짜 부처를 명확하게 볼 수가 있다는 것을 은근히 설파하고 있습니다.

이에 대해서는 각자의 공부에 맡기겠지만 핵심만을 정리하면, 밖을 바라보고 밖에서 찾으면 사관에 빠짐을 일깨우고 있습니다.

반대로 밖을 향해서 좇아가는 마음과 집착, 자신에 대해서 스스로가 불러일으킨 망상을 내려놓고, 안으로 안으로 집중하여 들어가는 것이 정관이요, 이 정관을 닦으면 참된 부처님을 볼 수 있다는 것입니다.

이 법문을 들은 사리불은 갑자기 엉뚱한 질문을 던집니다.

"거사님은 어디에서 죽은 다음 이곳에 태어나셨소?"

그러자 유마힐은 뜻밖의 질문을 던진다.

"스님이 얻은 법에는 죽고 태어나는 것이 있는가?"

"법에 어찌 죽거나 태어남이 있겠소?"

"법에 죽고 태어남이 없는데, 어찌하여 나에게 어디에서 죽은 다음 이곳에 태어났느냐고 묻는 것인가?"

이렇게 한 방 먹인 유마힐은 계속 몰아붙인다.

"마술사가 만들어 낸 허깨비 남녀에게 죽음과 태어남이 있소이까?"

"당연히 죽음과 태어남이 당연히 없지요."

"스님은 부처님께서 '제법은 환상幻相(허깨비)과 같다'고 하시는 것을 들었을 것이오. 만약 모든 법이 환상과 같은 것이라면, 어찌하여 나에게 어디서 죽어 여기에 태어났느냐고 묻는 것인가?

죽음이란 허망한 법이 무너지는 모습이요〔沒者 爲虛誑法 壞敗之相〕, 생이란 허망한 법이 계속 이어지는 모습이라오〔生者 爲虛誑法 相續之相〕.

그러므로 보살은 비록 죽는다 할지라도 선의 행위들을 멈추지 않고, 다시 태어난다 할지라도 악한 행위들을 자라나게 하지 않는다오〔菩薩 雖沒不盡善本 雖生不長諸惡〕."

유마거사에게 전생을 물었다가 된통 당한 사리불.
과연 유마거사가 강조한 핵심은 무엇인가?
"정관의 입장에서 보면, 죽음은 허망한 법이 무너지는

모습이요 생은 허망한 법이 계속 이어지는 모습이다. 누구나 진정한 보살이 되고자 하면, 생과 사가 목전에 다다를지라도 선행을 멈추지 않아야 하고 악행을 자라나지 않게 해야 한다."

정말 불자들이 꼭 새겨야 할 뼈 있는 법문이 아닐 수 없습니다. 그때 부처님께서 은근슬쩍 분위기를 바꿉니다.

"묘희(妙喜)라는 불국토에 무동(無動)(아촉불)이라는 부처님이 계시나니, 이 유마힐은 그 나라에서 사라진 다음 여기로 와서 태어났노라."

그때 사리불이 경탄을 한다.

"일찍이 들어보지 못한 일입니다, 이 사람이 그 청정한 나라를 버리고 분노와 해로움이 많은 이곳으로 즐겨 찾아왔으니!"

그러자 유마가 사리불에게 묻는다.

"스님, 어떻게 생각하시오? 해가 빛나고 있을 때 어둠이 함께 있소이까?"

"아니오. 해가 비출 때는 전혀 어둠이 없지요."

"해는 무슨 까닭으로 이 세상에 옵니까?"

"밝게 비침으로써 어둠을 없애고자 함이오."

"보살도 이와 같지요. 중생을 교화하고자 하기 때문에 깨끗하지 못한 불국토라 할지라도 기꺼이 태어납니다. 그러나 어리석고 어두운 사람들과는 야합을 하지 않고, 오로지 중생들의 번뇌와 어둠을 없앨 따름이지요."

대부분의 종교인은 성스러움을 추구하고, 스스로가 그 성스러운 세계 속에 있음을 자부합니다. 그리고 성스러움의 바깥에 있는 이들에 대해 슬퍼하고 측은해하면서 기도를 합니다.

그러나 햇빛과 같은 보살은 스스로를 성스러운 영역 속에 가두어 놓지 않습니다. 햇빛이 빛나면 어둠은 저절로 사라지는데, 어찌 햇빛이 어둠에 대해 집착을 하겠습니까? 어찌 햇빛이 어둠을 무시하겠습니까?

또 스스로를 성스럽다고 생각하지 않는 보살은 흙탕물이나 진흙 구덩이를 연꽃밭으로 바꾸어 나갈 뿐이요, 중생을 맑히고 밝히고 아름답게 피어나도록 할 뿐입니다.

그때 대중들이 묘희세계와 무동여래와 그곳의 보살·성문들을 보기를 원하자, 부처님께서는 대중들의 생각을 아시고 유마힐에게 부탁을 한다.

"이 대중들을 위해 묘희국과 무동여래와 보살·성문의 무리들을 나타내 보여라. 모두가 보고 싶어 하는구나."

그때 유마는 생각을 한다.

'내, 이 자리에서 일어나지 않고, 묘희국의 철위산과 천·계곡·강·바다·샘, 수미산과 해·달·별, 천·용·귀신·범천 등의 궁전, 보살과 성문의 무리들, 성읍과 취락과 남녀노소, 나아가 무동여래와 그 보리수, 갖가지 아름다운 연꽃, 시방에서 불사를 하고 있는 모습들, 제천들이 와서 무동여래께 예경을 드리고 경법을 설하심을 듣는 것 등, 공덕이 무량한 묘희세계를 도공이 물레 위의 흙을 쥐듯이 오른손으로 취하여 이 세계로 와서, 모든 대중에게 손에 쥔 꽃다발처럼 보여주리라.'

곧이어 삼매에 든 유마힐은 신통력으로 묘희세계를 오른손으로 쥐고 이 세계로 옮겨 놓으니, 신통력을 갖춘 묘희세계의 보살과 성문과 천인들이 함께 외친다.

"무동불이시여, 누가 우리를 취하여 가고 있습니다. 구하여 주십시오."

"내가 하고 있는 것이 아니다. 이것은 유마힐의 신통력이다."

그러나 신통력을 갖추지 못한 이들은 자기가 어디로 가는지 알지를 못한다. 그리고 묘희세계가 이 사바세계 속으로 들어왔지만, 사바세계는 늘어남도 줄어듦도 없고 비좁아짐도 없다. 본래와 조금도 다르지가 않다.

이렇게 묘희세계를 옮겨오는 장면을 읽으면서 많은 불자들은, 제6 부사의품에서 유마거사가 사방 1장丈인 병실 안에 수미등왕불이 보낸 수만 개의 사자좌를 들여 놓았을 때를 떠올리고 있을 것입니다.

그때 석가모니불께서 대중들에게 질문을 던진다.

"너희는 묘희세계와 무동여래와 그 국토의 장엄함과 보살의 청정행과 제자들의 청백淸白함을 보았느냐?"

"예, 보았나이다."

모두가 대답하자 부처님께서 힘주어 설하신다.

"만약 보살이 이 묘희세계와 같은 청정한 불국토를 얻고자 한다면, 마땅히 무동여래께서 행하신 도를 배워야 한다."

무동불의 불국토인 묘희세계妙喜世界는 묘한 희열, 곧 법열法悅이 가득한 세계입니다.

이러한 불국토를 얻는 것은 여래께서 행하신 도를 배울 때 가능해집니다. 그리고 그 시작은 발심을 하는 것이며, 그 불국토에 태어나고자 발원하는 것입니다.

과연 유마거사가 이와 같이 묘희국을 보여주었을 때, 사바세계의 14나유타 사람들이 아뇩다라삼먁삼보리심을 발하였고, 다 같이 묘희불국토에 태어나기를 발원합니다. 그러자 석가모니불께서 그들 모두에게 '마땅히 저 국토에 태어나리라'는 수기를 주십니다.

이렇게 하여 이 사바세계에서 중생을 이롭게 하는 일을 다 마친 묘희세계는 다시 본래의 자리로 되돌아갑니다.

마지막으로 부처님께서 사리불에게 "이 묘희세계의 무동불을 보았느냐?"는 질문을 던지자, 당하기만 하던 사리불은 '보았습니다'고 하면서, 유마거사에 대한 찬탄을 끝없이 쏟아내는 것으로 이 품은 끝을 맺습니다.

사리불은 과연 어떻게 유마거사와 유마경의 공덕을 찬탄하였는가? 함께 새기면서 견아촉불품을 닫겠습니다.

"세존이시여. 일체중생이 무동불과 같은 청정한 불국토와 유마힐과 같은 신통력을 얻게 되기를 원하고 있습니다.

세존이시여, 저희는 유마힐을 가까이에서 보고 공양할 수 있었습니다. 부처님께서 계신 현생이나 훗날 열반에 드신 뒤에도, 이 유마경을 듣는 중생들 모두는 큰 복을 얻을 것입니다.

하물며 이 경을 듣기만 하는 것이 아니라, 믿고 이해하고 수지受持하고 독송하고 해설하고, 여법如法하게 수행하는 이야 말할 필요가 있겠습니까?

이 경전을 손에 쥐고 다니는 이는 이미 법보장(法寶藏)을 얻었음이요, 이 경을 독송하고 그 뜻을 해석하고 설한 대로 수행하는 이는 부처님들께서 늘 지키고 보살펴 주실 것입니다.

그리고 이와 같은 이에게 공양을 하면 부처님께 공양하는 것과 같게 된다는 것을 마땅히 알아야 하며, 이 경전을 써서 지니는 이의 집에는 여래가 계신다는 것을 마땅히 알아야 합니다.

또 이 경을 듣고 수희(隨喜)하는 이는 일체지(一切智)를 얻는 대로 나아가게 되고, 이 경을 믿고 이해하여(信解)하여 하나의 게송(偈頌)만이라도 남에게 설해 주는 이는 아뇩다라삼먁삼보리를 얻는다는 수기를 받게 된다는 것을 마땅히 알아야 합니다.”

아, 유마경과 유마거사!
나무 불가사의해탈법문 유마힐소설경.

제13 법공양품法供養品
참된 법공양

이 법공양품과 마지막 촉루품에는 유마거사가 등장
하지 않고, 석가모니불과 제석천·미륵보살이 '가장 큰
공덕을 이루는 행은 법보시'라는 것과, 유마경의 유통에
대해 대화를 나누고 있습니다.

이 법공양품은 우리에게 제석천帝釋天으로 잘 알려져
있는 석제환인釋提桓因이 부처님께 유마경을 찬탄하는
것으로 시작됩니다.

"세존이시여, 제가 백천의 경전들을 들어보았지만,
일찍이 이처럼 불가사의하고 자재신통하고 결정적인
실상경전實相經典은 듣지 못하였습니다.
만약 중생들 중에서 이 경의 법을 듣고[聞法] 믿고

이해하고〔信解〕 수지하고 독송하는 이는 반드시 이 법을 얻을 것입니다.

　하물며 설하신 바대로 수행〔如說修行〕을 하는 이라면 더 말할 것이 있겠습니까?"

제석천은 경전을 제대로 공부하여 깨달음을 이루려면 어떻게 해야 하는지를 5단계로 일목요연하게 일러주었습니다.

　① 문경聞經 : 경을 잘 듣고(읽고)

　② 신해信解 : 들었으면 믿고 그 내용을 이해하라.

　③ 수지受持 : 늘 이 경전을 지니면서

　④ 독송讀誦 : 계속 읽고

　⑤ 여설수행如說修行 : 그 경전의 내용을 실천하라는 것
　　입니다.

"이렇게 경전을 공부하는 사람은 즉시에

① 모든 악의 문을 닫고 선의 문을 열게 되며

② 항상 제불께서 보호하고 염려해 주시며

③ 외도와 마구니와 원수를 굴복시키며

④보리를 닦고 도량에 편안히 머무르며
⑤여래가 행하신 자취를 따라 실천을 합니다.

　세존이시여, 만약 이 경을 수지 독송하고 설한 대로 수행하는 이가 있으면, 그곳이 어디이든지 제가 권속들과 함께 찾아가서, 공양을 베풀고 받들고 보호하겠나이다."

　부처님께서는 이 결심을 토하는 제석천을 칭찬한 다음, "그대는 말한 대로 할 것이고, 나는 기쁜 마음으로 그대를 도우리라" 하십니다.

　그리고 이 경이 모든 부처님의 불가사의하고 위없는 깨달음에 대해 널리 설한 것이라고 찬탄하면서, "이 경을 수지 독송하고 공양하는 것은 곧 과거·미래·현재의 부처님들께 공양하는 것이 된다"고 하십니다. 이어 부처님께서는 과연 그 공덕이 얼마나 큰 것인지를 밝힙니다.

　"선남자선여인이 1겁 동안 수많은 부처님을 공경하고 존중하고 찬탄하고 공양하고 편안하게 봉양하고, 그 부처님들이 돌아가신 다음에 하나하나의 사리

로 아주 크고 높고 화려한 칠보탑을 무수히 세워서 1
겁 동안 이 탑에 공양을 올린다면, 네 생각이 어떠하
냐? 그 사람의 심은 복은 얼마나 많겠느냐?"

"매우 많습니다, 세존이시여. 그의 복덕은 백천억
겁동안 말할지라도 다할 수가 없습니다."

부처님께서 천제에게 이르셨다.

"마땅히 알아라. 선남자선여인이 이 불가사의한 해
탈경전을 듣고 믿고 이해하고 수지하고 독송하고 수
행하면, 그 복은 앞서 말한 사람의 복보다 더욱 많노
라."

이렇게 부처님께서는, '갠지스강의 모래알 수보다 더
많은 공덕'이라고 설한 『금강경』보다 한 단계 더 높은
공덕이 유마경에 있음을 설하신 다음, 당신께서 월개(月蓋)라
는 이름의 왕자였을 때 행한 법공양 이야기를 제석천에
게 들려줍니다.

월개왕자는 5겁 동안 약왕여래께 공양을 한다. 그
러나 스스로가 만족하지를 못한다.

'이보다 더 수승한 공양은 없을까?'

그때 약왕여래께서 신통력으로 천인의 모습을 공중에 나타내어 일러주신다.

"모든 공양 중에서 법공양이 가장 훌륭하다."

"아, 법공양! 어떻게 하는 것이 법공양입니까?"

"약왕여래께 가서 여쭈어보아라. 너를 위해 법의 공양을 어떻게 해야 하는지를 자세히 말씀해 주실 것이다."

월개왕자는 즉시 약왕여래께로 가서 여쭈었다.

"여러 공양 중에 법공양이 제일이라고 하는데, 무엇이 법공양입니까?"

"법공양은 제불께서 설하신 심오한 경에 대한 공양이요, 심오한 경은 일체 세간 사람들이 믿기 어렵고〔難信〕, 받아들이기 어렵고〔難受〕, 미묘하여 보기 어려우며〔難見〕, 청정하여 물듦이 없어서〔無染〕 분별사유로는 알 수가 없다.

심오한 경전은

① 물러남이 없는 경지에 이르게 하며

② 육바라밀을 성취하게 하며

⑥대자비 속에 들어가게 하며

⑪도량에 앉아 법륜을 굴리게 하며

⑬중생을 능히 불법장佛法藏에 들게 하며

⑭현성賢聖들의 일체 지혜를 얻게 하며

⑳생사고生死苦를 등지고 열반락涅槃樂을 열어 보이노라."

약왕여래는 이렇게 심오한 경전에 대한 20가지 공덕을 들려준 다음 법공양에 대해 명쾌한 정의를 내립니다.

"제불께서 설하신 심오한 경을 듣고 믿고 이해하고 수지하고 독송하고, 중생들에게 분별·해설하여 분명하게 알게 하면, 이것이 법을 수호하는 것이요 참된 법공양이니라."

월개왕자는 약왕여래의 법문을 듣고 맹세를 한다.

"저는 반드시 법공양을 행하면서 정법을 수호하겠나이다. 원하오니 여래의 위신력으로 가피를 내리시어, 저로 하여금 마구니와 원수들을 항복시키고 보살행을 잘 닦을 수 있게 하여 주소서."

약왕여래는 그의 깊은 마음을 들여다보고 수기를

주신다.

"그대는 먼 훗날까지 법의 성을 수호할 것이다."

그날 월개왕자는 출가를 한다. 그리고 선법을 닦으면서 정진한 지 얼마 지나지 않아 오신통을 얻고, 보살도에 통달하여 다라니와 걸림 없는 변재를 얻는다.

그리고 법을 수호하면서 부지런히 정진하여 그의 생에서 백만억 인을 교화하여, 모두가 아뇩다라삼먁삼보리에 굳건히 서서 물러나지 않게 이끌어 들인다.

석가모니불은 이 이야기를 들려준 다음, 월개비구가 전생의 자신임을 밝힙니다. 그리고 이 품의 마지막에서 다시 한번 제석천에게 강조합니다.

"천제여, 법공양은 모든 공양 중에 최상이요 제일이요 비길 데가 없느니라. 그러므로 마땅히 법공양으로써 부처님께 공양을 해야 하느니라."

아, 법공양!
나무 불가사의해탈법문 유마힐소설경.

제14 촉루품囑累品
유마경 유포를 부탁하다

제14 촉루품囑累品의 시작은 석가모니불게서 내세에 부처가 될 미륵보살에게 유마경을 널리 유포시킬 것을 부탁하는 것으로 시작됩니다.

"미륵아, 내가 열반에 든 다음의 말세에까지 이 경전을 널리 유포시켜서, 이 세계에서 이 경의 가르침이 단절됨이 없게 하여라.

미래세상에도 아뇩다라삼먁삼보리심을 발하고 대법大法을 좋아하는 이들이 있다. 그런 이가 이 경을 듣게 되면 반드시 크게 믿고 기뻐하고 희유希有하다는 마음을 내어서, 마땅히 정수리에 모시고 중생들의 이익됨에 맞추어 널리 설할 것이니라."

그리고 보살에는 잡다한 문구나 화려한 문장을 좋아하는 이와, 깊은 뜻을 두려워하지 않고 진실 속으로 깊이 들어가는 이의 두 종류가 있다고 설합니다.

"새로 공부를 시작한 보살은 잡다한 문구나 화려한 문장을 좋아하지만, 오래오래 도를 닦은 보살은 물듦이 없고 집착을 버리게 하는 심오한 경전을 대하였을 때 두려움 없이 그 속으로 들어가서 부지런히 수지독송하고 설한 대로 수행을 한다.

만약 이제까지 듣지 못했던 심오한 이 경전을 들은 다음, 놀라고 의심하고 불신을 하거나, 이 경을 해설하는 이에 대해 공양도 공경도 하지 않으면서 간간이 좋지 않은 소리를 하면, 이 자체가 스스로를 헐뜯고 손상시키는 것이요 깊은 법문으로 마음을 다스리지 못하고 있다는 증거이니라."

이어서 깊은 뜻을 잘 이해하는 보살이 스스로를 손상시키고 큰 법을 얻지 못하게 되는 두 가지 경우가 있다고 합니다.

첫 번째는 새로 배우는 보살을 경멸하고 교만하게 굴면서 잘 가르쳐 주지 않는 것이요, 두 번째는 비록 깊은 법을 믿고 알았을지라도 상相을 취해서 자꾸 분별하는 경우라고 분명하게 지적을 해줍니다.

곧 이 두 가지가 없으면 위없는 깨달음과 무량공덕을 성취할 수 있다는 가르침입니다.

여기까지 법문을 들은 미륵보살과 일체보살들, 그리고 사천왕이 맹세를 합니다.

미륵보살이 부처님께 아뢴다.

"세존이시여, 저는 이제 미래의 선남자선여인들이 대승을 구하면 마땅히 이 경전을 그의 손에 쥐어 주어서, 기억하고 수지독송하고 남을 위해 널리 설할 수 있도록 하겠나이다.

세존이시여, 만약 말세에 이 경전을 수지독송하고 남을 위해 널리 설하는 자가 있으면 모두가 이 미륵의 신력이 이룩한 것이라고 생각하소서."

이어 보살 모두가 합장을 하고 부처님께 아뢴다.

"저희들도 시방국토에서, 아뇩다라삼먁삼보리의

법을 널리 유포하고 설법을 하는 이들로 하여금 이
경전을 얻어 설할 수 있도록 하겠나이다."

또 사천왕들도 아뢰었다.

"어디에서든지 이 경전을 독송하고 해설하는 이가
있으면 저희는 모든 권속을 데리고 법을 듣기 위해
갈 것이며, 그 사람을 옹호하고 주위 백 유순 내에서
는 방해하는 자가 없도록 하겠나이다."

끝으로 부처님께서는 아난에게 이 경을 수지하여
널리 유포할 것을 당부하였고, 아난은 질문을 한다.

"세존이시여, 이 경의 정확한 이름은 무엇입니까?"

"아난아, 이 경의 이름은 '유마힐소설경(維摩詰所說經)'이다. 또
'불가사의해탈법문(不可思議解脫法門)'이라 하나니, 이러한 이름으로 받
아 지닐지어다."

이렇게 부처님께서 경 이름을 밝히며 설법을 마치자,
유마거사와 문수보살·사리불·아난 등과 여러 천인·아
수라와 일체 대중이 크게 환희하는 것으로써 경전은 끝
을 맺습니다.

유마경은 예로부터 깨달음을 이루고자 하는 이들이 가장 많이 읽고 가장 많이 인용한 경전으로도 유명합니다. 한 예로 중국의 육조 혜능대사를 찾아와서 큰 깨달음을 이룬 제자들 중에는 유마경을 읽고 공부한 이가 가장 많았습니다.

역설적인 화술이 자주 등장하는 이 유마경에는, 수행을 쌓은 부처님의 출가제자들이 종종 우롱을 당하고 낯을 붉히는 반면, 재가인인 유마거사의 기상천외한 기지가 크게 부각되고 있습니다.

그렇다고 출가수행자에 대한 유마거사의 비판은 상대를 희롱하기 위한 것이 아닙니다. 소승적인 수행을 탈피하여 대승의 길을 걷도록 하기 위함입니다.

그리고 유마거사는 때때로 기상천외한 질문이나 답변을 합니다.

기상천외의 법문은 어디에 근거를 두고 거침없이 흘러나오는가?

바로 공空사상을 밑바닥에 깔고 있습니다. 그리고 공에서 발현되는 반야般若의 빛이 거침없이 흘러나오고 있음입니다.

그야말로 유마경의 한 문장 한 문장 속에는 반야의 공사상이 일관되게 흐르고 있습니다.
불교의 실천 이념은 비울 줄 아는 공空, 원래가 공空이라는 데서 출발합니다.
일체의 집착을 떠나서 공을 체득하면 끝없는 실천의 근원적인 힘을 얻게 되고, 환희로움과 평화와 행복이 가득한 마하반야의 대광명을 발하여, 이 세상을 청정 불국토로 바꾸는 것입니다.

청정한 반야공의 도리를 깨닫게 하는 유마경!
상식을 넘어선 기상천외의 가르침과 누구나가 위없는 깨달음으로 갈 수 있는 길을 설파하고 있는 깨달음의 경전인 유마경!
꼭 깊이 있게 읽고 또 읽어 참된 법공양의 길로 나아가고, 유마거사처럼 걸림 없고 자유자재한 중생 교화와

해탈의 문을 활짝 여는 대보살이 되시기를 간곡히 간곡
히 축원드립니다.

쉽지 않은 내용을 끝까지 읽어주신 분들께 깊이 감사
드리면서….

나무 불가사의해탈법문 유마힐소설경.

유마경의 기상천외한 이야기

초 판 1쇄 펴낸날 2023년 11월 20일
　　　2쇄 펴낸날 2023년 12월 15일

지은이 김현준
펴낸이 김연지
펴낸곳 효림출판사

등록일 1992년 1월 13일 (제2-1305호)
주 소 서울특별시 서초구 반포대로14길 30, 907호 (서초동, 센츄리 I)
전 화 02-582-6612, 587-6612
팩 스 02-586-9078
이메일 hyorim@nate.com

값 6,000원

ⓒ 효림출판사 2023
ISBN 979-11-87508-93-9 (03220)